# 戦後沖縄史の諸相

## 何の隔てがあろうか《ヌーフィダティヌアガ》

齋木 喜美子 編著
泉水 英計／三島 わかな／喜久山 悟／近藤 健一郎

関西学院大学出版会

装画　喜久山悟

# はしがき

昨年、編者は沖縄研究の仲間とともに、『立ち上がる艦砲の喰残し《カンポーヌクェーヌクサー》——沖縄における教育・文化の戦後復興』（関西学院大学出版会）を刊行した。この本では、「鉄の暴風」とも称された過酷な沖縄戦を生き延びた人々が、たくましく戦後の文化・教育を復興させていく過程を、メンバーのそれぞれの研究領域に引きつけて紹介しようと試みた。本の前半では教育実践・政策の事例を、後半では文化・芸術の課題を取り上げて検討した。またそれぞれの章で心がけたことは、沖縄史における細部への目配りであった。大きな歴史の物語の中ではあまり注目されてこなかった個人や地域の営みを通して、沖縄戦後史の諸相と課題を何とか具体的に浮かび上がらせてみようと意図したのである。私たちの試みが成功したかどうかは読者の皆様の判断にゆだねるしかないが、私たちはその後も引き続き定期的に研究会を重ね、それぞれの課題に取り組んできた。

その意味で今回刊行する本書は、『立ち上がる艦砲の喰残し——沖縄における教育・文化の戦後復興』の続編ともいうべき位置づけをもった書と言える。昨年の成果を土台としながら、十分に論じられなかった点や新たに見いだした課題について考察し、その研究成果を世に問いたいと考えて編まれたからである。前書の執筆陣である齋木喜美子（児童文学）、泉水英計（民俗学）、喜久山悟（美術教育）に三島わかな（音楽学）を新たに加えて、芸術分野の論考を充実させ、それぞれの研究関心に基づいて沖縄の社会・文化に関するテーマを設定した。ただ沖縄の場合、本土とは異なる歴史的展開過程を経ているため、沖縄近現代史をある程度理解していないと本書の背景がわかりづらいのではないか、という懸念もあった。そこで本書では、近藤健一郎（日本教育史）が各章に関わる事項や全体を覆う歴史的・社会的背景について、ガイドとなるような文章を補足執筆した。巻末の「この本を読むためのガイド」を必要に応じてご参照いただければ、一層各章の理解が深まるのではないかと思う。

次に本書の特徴について述べる。本書の特徴は大きく分けて二つある。まずはじめに研究対象とする中心的な時代を、沖縄戦終結から、米国統治下におかれた一九七二年までの変革期においたことである。そこには沖縄の社会・文化の実相と課題を、近・現代日本およびアメリカの政治的・社会的状況や文化を背景に考察しようという意図がある。その際、引き続き庶民の営みにも着目し、彼らのライフヒストリー、生活や実践の意味について読み解いていく章を設けた。なぜなら、歴史は名もない庶民のささやかな営みの集積であって、決して偉大な人物や政治家によって形成されてきたわけではない。逆に歴史を、大きな流れの中に埋もれてしまった人間の人生や出来事から眺めてみることによって、見落とされてしまっていた大事な事実や思想が浮かび上がってくることがあるかもしれないと考えたからである。

次に、本書では新たな視点として沖縄と本土、沖縄とアメリカ、あるいは沖縄の内部に潜むさまざまな「隔て《フィダティ》」を可視化しようと試みたことがあげられる。本土復帰五〇年を経て、沖縄についての情報量は格段に増加した。交通網やＩＣＴの発達に伴って中央と地方との文化的格差は縮まり、隔たりを意識させられる機会はかなり減ってきている。たとえば言葉の問題を例にあげてみよう。沖縄方言の「メンソーレー（いらっしゃい）」「チバリヨー（頑張れ）」といった簡単な言葉は、全国的に認知度が高まっている。それだけではなく、「ナンクルナイサ（何とかなるさ）」という言い回しから、戦後民謡「兄弟小節《チョーデーグヮーブシ》」でよく知られている「イチャリバチョーデー（出逢えば兄弟）」のような歌詞に至るまで、日常よく耳にするようにさえなった。近代沖縄において方言が矯正されていたことを思うと隔世の感さえある。しかし、本当の意味がきちんと伝わっているかどうかいささか疑問もある。前掲の「ナンクルナイサ」は、適当にやっていても最後には何とかなるというきわめて楽天的な態度という解釈がなされたり、「イチャリバチョーデー」は誰とでも兄弟のように仲良くする意味だと受け止められている節がある。本来は、たんに沖縄人の呑気さやおおらかさといった楽天性だけを指す言葉ではない。「マコトゥソーケー、ナンクルナイサ」＝「誠を尽くす、すなわち努力を怠らなければ何とか道は開ける」、「イチャリバチョーデー、ヌーフィダティヌアガ」＝「出逢えば兄弟、何の隔てがあろうか」という前向きな意味であるのに、成句の一部が抜け落ちて広まってしまった側面がある。言葉の問題と同じように、戦後沖縄史についても、知っているつもりで実は大事な情報が伝わっていなかったり、表面的理解にとどまっていることもあるのではないだろうか。本書にあえて“何の隔てがあろうか《ヌーフィダティヌアガ》”と副題をつけたのは、本来沖縄と本土、沖縄とアメリカの間に差別や隔たりがあってはならないはずなのに、今なお解決されていない問題が存在しているのではないか。果たしてそれでよいのだろうかと読者に問いかけることで、ともに沖縄の歴史的課題を考えたかったからである。

だから私たちが着眼したのは、米国統治期という沖縄の変革期に横たわる目に見えない「隔て《フィダティ》」の存在であった。当時の沖縄は文字どおり米軍基地と一般庶民の生活空間がフェンスで隔てられていたが、実は人々を隔てているものは実在するフェンスだけではなかった。同じ沖縄戦をくぐった体験ひとつ取り上げてみても、それは一人ひとり著しく異なるものであった。米軍が上陸した直後に捕虜になった人々、南部に避難して地上戦に巻き込まれた人々、北部の山中に疎開した人々には、それぞれに悲惨な戦場体験があった。どんな体験をしたかということは戦後の生きざまにも影響したと考えられるが、「沖縄戦」という大きな歴史のなかでは一括りの物語として受容され、一人ひとりの体験と体験を隔てているものは可視化されないまま些末なこととして埋没してしまった。

さらに、沖縄は本土から物理的に海で隔てられていただけでなく、地上戦により生活基盤が壊滅し米国の補助金だのみの復興は遅れ、経済的にも社会的にも大きな格差を生じていた。この「隔て」を乗り越えるために、施政権を握る米国の譲歩を引き出しつつ、医療・公衆衛生分野でも日本から援助の手が差し伸べられた。このような援助は、しばしば同胞意識に訴えて正当化されたが、そのような言説とは裏腹に援助側の事情が優先されるという現実が、隔たりとして存在していたのである。

また、戦争体験の語り伝えに関しても、これまで何とかして次代の子どもたちに戦争の悲惨さや愚かさを伝えたいと、発信してきた人々の営為があった。しかし戦後七七年もの歳月が流れた現在、体験を伝えることはますます困難になってきている。体験者と非体験者、戦中世代と現在の読み手（聞き手）との間には、戦争のリアリティを伝えきれない「もどかしさ」や、「言語化できない思い」など、記憶の共有を阻む「隔て」が存在している。

戦前にあった沖縄文化の伝承においても、戦争の影響が影を落としていた。敗戦後の沖縄は日本本土から切り離され、しかも戦後の沖縄の世論が戦前の文化を「悪」とみなす風潮にあったため、戦前の文化をひっくるめて拒絶しようとする戦後社会のアレルギー体質が存在した。そのため、天皇制を想起させるような田植えにまつわる恒例行事や歌などは、途絶えてしまった。つまり文化の継承に関しても、伝承の担い手たちと世論の間に誤解や無理解、無関心という「隔て」があったのである。

一方、時を隔てたことで伝わったこともあった。本書の最後には、安座間栄子（一九一〇―一九九六）によって書かれた戦争体験手記を、孫にあたる作者が漫画表現で視覚化した作品を掲載する。沖縄戦体験の記録は数多く残されているが、本編には、目を奪われがちな強烈な惨状だけではなく、市井の女性が妻、母として向き合った戦争と戦後の生きざまが示されている。言語のみでは伝わりづらい臨場感や心情的ニュアンスを漫画表現の特性である図像とコマ運びによって再構成した。こうした試みも、本書における新たなチャレンジのひとつである。

人々の日常の暮らしや実践活動にはさまざまな困難があったが、彼らの刻んできた足跡は、沖縄の戦後復興において貴重な営みでありもうひとつの戦後史であるともいえよう。資料が乏しいこともあって困難ではあるが、これまで歴史に埋もれてきた人々の歩みや実践の成果を掘り起こして評価するとともに、今なお残る課題についても明らかにしていきたいというのが、前書から抱き続けてきた執筆者たち共通の思いである。

本書は四章構成で、前半では戦後沖縄の医療援助と戦争児童文学の歴史的展開過程から沖縄と日本の関係性を読み解いていく。後半ではある音楽教師と戦争未亡人の半生をたどりつつ、戦後の文化復興と沖縄戦の爪痕を浮き彫りにしたい。一見関連性のない話題のようにみえるかもしれないが、四つの章の背景にあるのは日本史における時代区分とは異なる「被侵略、被占領としての沖縄近現代史」である。本書は沖縄史をベースに、専門的知識と考察に拠りつつもそれぞれの課題を一般にわかりやすく発信しようと試みている。執筆者たちの思いが読者に届き、沖縄の戦後史に少しでも関心を持っていただけたら幸いである。

なお、引用に際しては読みやすさを考慮し、旧字体を新字体に改めている。

齋木喜美子

目次

## 第2章　戦争体験を語り継ぐ視座 ——児童文学は「ひめゆり」の物語をどのように伝えてきたか　齋木喜美子　45



## 第3章　歌が途絶えることの意味・復活することの意味 ——ある音楽教諭の思想と実践　三島わかな　81

## 第4章　漫画・たばこと私
### ――安座間家の沖縄戦



## この本を読むためのガイド

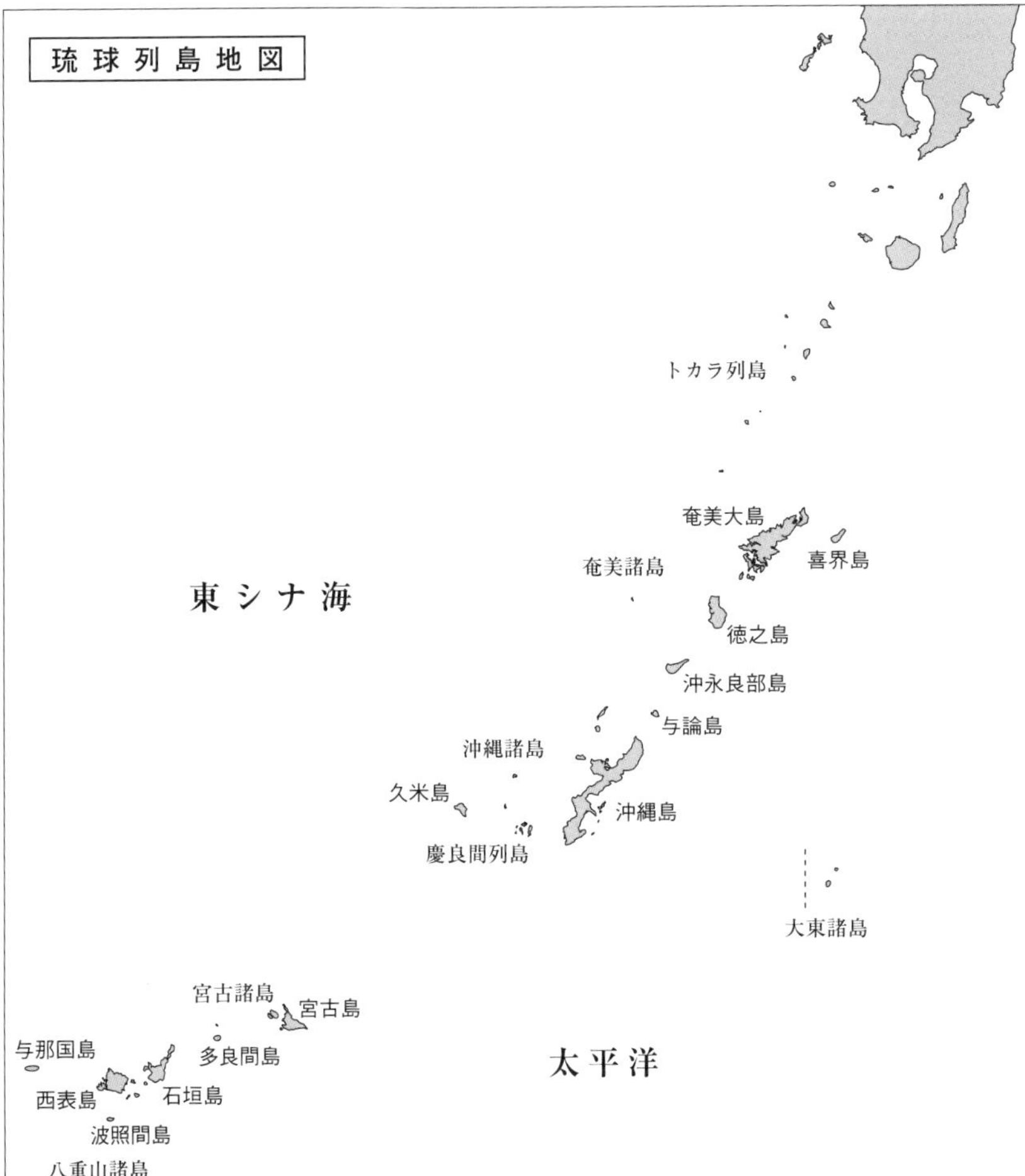


久万田晋、三島わかな編『沖縄芸能のダイナミズム――創造・表象・越境』七月社、2020年、p. 6に掲載の地図を元に作成。

# 第1章　日本の医療援助にみる米国施政権下の琉球

## ――同胞意識は隔てを埋めたのか

泉水　英計

## はじめに

一九六一年四月二八日午前八時、神戸港の桟橋に関西汽船の新造船・浮島丸が接岸した。埠頭には、国立療養所春霞園の医師と看護婦、沖縄協会兵庫県本部の人々、テレビクルーや新聞記者らが出迎えに来ていた。甲板を見上げる出迎えの人々にむかって船上から手を振っているのは、那覇から乗船した結核患者一一人であった。年齢は二五歳から五四歳、うち六人が三〇代、ひとり混じる女性は知念さんであった。同日夕刊の『神戸新聞』の見出しには、「沖縄から結核療養に日本へ　胸ふくらます一一人　三田〝春霞園〟に招かれ」とある。同記事によると、沖縄では入院が必要な結核患者九〇〇〇人に対し結核病床数は六〇〇床しかなかった。重症患者であっても半年で強制的に退院させられる。この悲惨な実情を知った春霞園所長の工藤敏夫が、「同じ日本人として放っておけない」として、沖縄協会兵庫県本部を通じて現地の沖縄療友会に患者の呼び寄せを申し入れた。その結果、第一陣として一一人が送り出されたのだという[1]。

米国施政権下に置かれた南西諸島すなわち琉球と日本とのあいだに生じた隔たりは、医療・公衆衛生の分野においても顕著なものがあった。一九六〇年前後に焦点となった問題は、結核やハンセン氏病対策の遅れである。一九六一年二月に那覇で沖縄公務員医師会が『結核とらい』という医学シンポジウムを開催している。ここに日本から結核専門医が招聘され、その見聞が春霞園に伝わり、工藤所長が患者呼び寄せを計画することになった。このシンポジウムを企画したのは、公務員医師会会長で琉球衛生研究所所長の照屋寛善であった。[2] 彼はみずからが結核回復者であり、春霞園の患者呼び寄せに応じた沖縄療友会は照屋が立ち上げた患者団体であった。結核やハンセン氏病は慢性の感染症であり、撲滅には、福祉政策も含めた継続的な取り組みが不可欠であった。しかし、軍事目的の米国施政に、このような分野への十全な取り組みを期待するのは無理であった。

琉球列島には第二次世界大戦末期に米軍の軍政が敷かれ、一九五〇年一二月には、極東軍司令長官を民政長官とする琉球列島米国民政府（United States Civil Administration of the Ryukyu Islands, USCAR）が設立されて住民統治にあたった。一九五七年六月の組織改変により長官職が廃止され、副長官として実質的に指揮を執っていた琉球軍司令長官が高等弁務官を務めるようになった。米国民政府のもとで優れた公衆衛生事業がおこなわれたり、米国式の先進的な医療が導入されたりすることはあった。しかし、米国民政府の運営資金は陸軍省予算の僅少な一部にすぎなかった。しかも、一九六〇年度までの米国援助は単年度の予算立法の積み重ねにすぎず、長期的視点をもった社会福祉事業にはあきらかな限界があった。この不足を補ったのが日本からの援助であり、結核患者の本土移送はその一例であった。

本章では、結核対策を中心に医療・公衆衛生分野での日本からの援助がどのようにおこなわれたのかをみてみたい。日本政府にとって琉球との関係は、施政権者である米国との外交関係でもあった。米国側は日本の琉球援助を米国施政への容喙だとみなすことがあった。日本側は琉球援助を、施政権返還に向けた前進とみなしていた。このような緊張関係は、医療・公衆衛生事業においてどのようにあらわれたのであろうか。さらに、日本から米国施政権下に援助をおこなうべき理由として、冒頭の記事のように「同じ日本人として放っておけない」という心情が語られた。そのような同胞意識は、琉球と日本の隔たりをどこまで埋めることができたのだろうか。以下では、まず、琉球をめぐる日米の緊張関係に注意を向けつつ、一九五〇年代後半から一九六〇年代初めの医療・公衆衛生の分野の援助をみてみたい。この時期は、琉球住民に対する米国の政策に大きな転換があり、米国による排他的な住民統治が改められて、日本を加えて共同で住民福祉の向上を目指すようになった。これにしたがい日本からの援助は増加していくことになるが、この数年のあいだに援助の主体にも援助の内容にも変化があった。そこで、第一節では、琉球政府による日本結核予防会からの肺外科医招聘（一九五五年―）と日本の療養所への肺外科手術委託（一九五八年―）、第二節では、日本政府援助としての無医地区への日本医師派遣（一九六〇年―）、第三節では、本書冒頭の記事が伝えていた本土つまり日本への結核患者移送事業（一九六一年）と、それを再計画した日本政府の結核患者移送事業（一九六二年―）というように年代を追って日本からの援助をみることにする。つぎに、琉球援助の根拠とされる同胞意識について考えるために、第四節では、結核患者の本土移送事業の背景となった日本の結核医療の同時代的状況をみる。そこから浮かび上がるのは同胞意識の限界である。この論点を明確にするために、第五節では、結核患者の本土移送事業と並行しておこなわれたハンセン氏病高校生の受け入れ事業との比較を試みたい。いずれの事業でも、受け入れ側に琉球の患者を必要とする状況があり、その状況を前提とした「同胞」への援助であったことは否定できない。

## 一　日本の肺外科協力と琉球列島米国民政府の干渉

一九四四年に米国でストレプトマイシンという抗生物質の発見が報告され、これが特効薬になって結核は積極的な治療が可能な疾病になった。一九五〇年代初めには日本でもストレプトマイシンが生産されて保険も適用され、さらにその後も有効な抗結核薬が登場していた。けれども、一九五〇年代なか頃までの結核治療の主役は肺外科療法であった。[3] 日本から専門医を招聘して琉球でも肺外科手術がはじめられた。しかし、手術を希望する患者が続出し、手術可能件数が希望者の増加に追いつかなくなってしまった。肺外科医の招聘と並行して、患者を日本の施設に送って手術するという解決策がとられるが、あとでみるように、米国側の担当官による干渉を受けることになった。

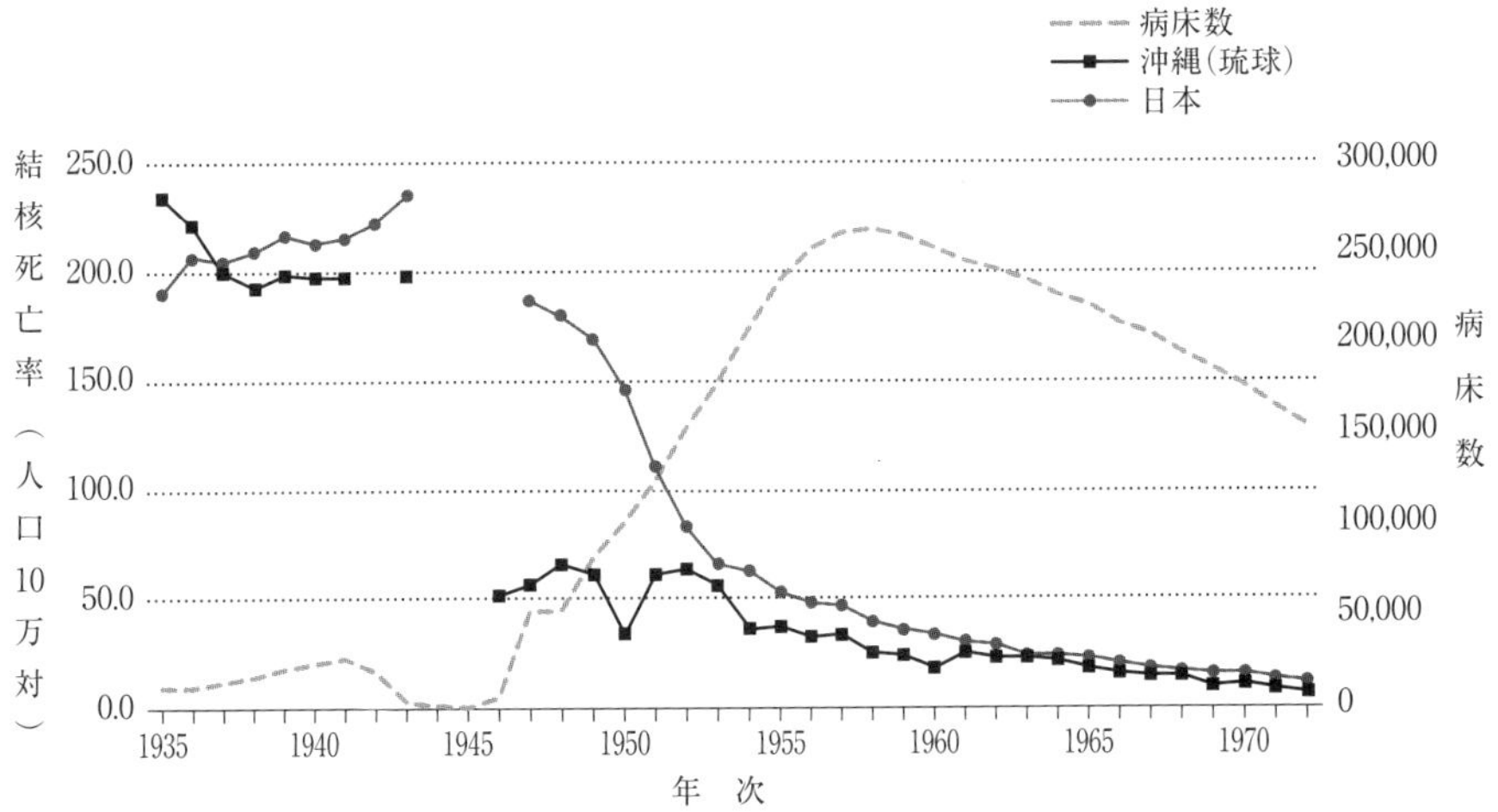


**図1-1　沖縄（琉球）と日本における結核死亡率の年次推移、および結核病床数の推移**

（出典）結核予防会『結核統計総覧（1900-1992年）』および稲福盛輝『沖縄の医学――医学・保健統計資料編』より作成。1945年以前の日本の死亡率および病床数は沖縄県を含む。

まずは、沖縄（琉球）の結核対策の流れをたどってみよう。結核は近代都市の生活環境で流行する病であるが、戦前の沖縄県は大都市がないにもかかわらず結核死亡率が高かった。出稼ぎに行った本土の工場で罹患し帰郷する者が多く、洞窟を利用したアダン葉帽子の工房が感染拡大の温床となったといわれる。[4] 図1-1にみるように戦後に死亡率がいったん激減するのは、戦中戦後の極端な困窮生活により結核患者の多くが死亡したからだと考えられている。[5] しかし、ふたたび結核患者が増えはじめたため、一九四八年八月に、米軍のコンセット（かまぼこ型兵舎）を再利用して、沖縄島中部に金武保養院が開設された。本格的な結核対策は、一九五一年より琉球列島学術調査（SIRI）の一環としておこなわれたギルバート・ペスケラの肺結核調査により開始された。ペスケラは沖縄島南部に小規模だが先進的な療養設備をもった琉球結核科学研究所を設立し、金武保養院院長の伊豆見元俊を兼担させて結核治療の近代化をはかった。ペスケラはまた、業務を開始したばかりの那覇保健所の所長・当山堅一に巡回健康診断を指示し、結核の蔓延状況の把握に努めた。その結果、琉球全体で治療が必要な患者は約八〇〇〇人と推計された。患者を収容する施設の不足が明らかとなったため、ペスケラは、病状のいかんにかかわらず六か月で退院させるベッド回転制を導入した。入院は、患者が療養の心得を学ぶことに主眼を置く教育入院とされ、患者は退院後に、保健所の管理のもと自宅で治療を続けることになった。[6]

在宅治療制度には抗結核薬の安定供給が不可欠である。当時米国施政期の住民側の行政府は琉球政府と称し、民選議員から成る立法院と琉球民裁判所とをあわせ三権分立の自治機関を構成していた。[7] 医療、公衆衛生、社会保障は琉球政府社会局の所管であり、社会局の医官たちは米国民政府との粘り強い交渉の末に、結核予防費を在宅治療の薬代に流用する道を開いた。一九五四年一〇月に施行された結核予防対策暫定要綱である。患者は保健所に登録され、軽症者や困窮者は優先的に公費負担で抗結核薬が配布された。ただし、抗結核薬による治療法（化学療法という）が確立するのは、はやくとも一九五五年に長期化学療法が導入されたのちのことであり、一九五〇年代にもっとも確実な治療法とみなされていたのは、外科手術により病巣を取り除く肺外科療法であった。

一九五五年、沖縄中央病院に、手術室を備えた結核病棟が増設された。沖縄中央病院は越来村（現、沖縄市）にあり、のちに那覇病院が開設されるまでは琉球唯一の本格的な総合病院であった。[8] 既存施設はコンクリート平屋八棟で計一八〇床であった。新病棟は四床サイズの部屋を二〇室備えており、計八〇床換算となる大幅な増設であった。[9] 待望された肺外科手術を執刀したのは、琉球政府の要請により日本の財団法人結核予防会から派遣された二人の肺外科医であった。結核予防会は、一九三九年に皇后の令旨を受けて結成され、清瀬村（現、東京都清瀬市）に結核研究所を設立し、狭山丘陵に日本屈指のサナトリウムとなる保生園（現、新山手病院）を運営していた。このとき派遣された久留幸男《くるゆきお》は保生園の副園長であり、もうひとりの岩間定夫は結核研究所の所員であった。

ふたりの日本人肺外科医は沖縄に四か月間滞在し、手術をおこないつつ沖縄人医師たちに技術指導をした。久留と岩間が日本に帰ると、入れ替わりに木下徹が来島し、その四か月後には下地藤次が引き継いだ。彼らによって最初の一か年で一一二例の手術がおこなわれた。[10] つづいて、沖縄出身の金城綱一が帰郷して肺外科主任となって、毎週二回のペースで手術をおこない、やはり年間約一〇〇例の手術をこなした。[11] けれども、手術に適した症状の患者は全琉で一二〇〇人を超えてしまった。金武保養院や琉球結核科学研究所、那覇とコザ、名護にあった三つの保健所の医師たちで構成された結核審議会が手術を希望する患者を審査し手術の可否を決めていた。選定されて手術を待つ患者は三〇〇人を超え、年間一〇〇例のペースでは、手術まで二年以上も待たねばならなくなった。

そのようななか、一九五六年一一月に琉球の結核予防法が施行され、暫定要綱では一部に限られていた結核治療費は完全な公費負担が可能になった。[12] 琉球政府の新会計年度（一九五七年七月―一九五八年六月）の結核対策費は、前年比二倍を超えた二九〇〇万B円（日本円で八七〇〇万円）が予算化された。このように結核対策予算は大幅に増額されたのであるが、皮肉なことに、入院費も手術費も使い切れなかった。在宅治療用の薬代は従来から、ある程度は予算化されていたので、増額分のおもな使途は入院費や手術費であった。けれども、入院施設も肺外科手術の執刀医も増額に見合うだけの準備がなかったのである。[13]

この窮状を打開するため、琉球政府は日本にさらなる援助を求めた。一九五八年二月、社会局次長の真壁仁が上京し、結核予防会理事長で厚生省公衆衛生局長の山口正義と協議、その結果、同年六月までに沖縄の患者六〇人を保生園や国立療養所で手術することが決まった。真壁によると、日本政府は援助に前向きであったが、受け入れ患者にハンセン氏病患者が混ざらないかとか、治療が終わった患者が東京に居残らないかとかいう懸念を抱いていたという。[14] このような懸念が意味するものについては、本章の後半であらためて検討したい。真壁にとって、東京の療養所での委託手術は、まずは当年度予算を有効に消化するためのものであったが、次年度にも一〇〇人の受け入れを期待している。[15] これは、琉球の窮状を熟知した久留の仲介により、肺外科医派遣にあらたな援助を追加したものであった。久留は、琉球結核予防会への通信で、年間最大二〇〇人まで受け入れ可能であると伝えている。[16]

肺外科手術患者の第一陣は、五月二〇日に二一人が神戸港に到着し、翌日にはさっそく上京して、中野療養所や東京療養所、清瀬病院といった国立療養所と、保生園や結核研究所付属療養所といった結核予防会の施設とに分散収容された。[17] 付属療養所への入所には、結核予防会総裁であった秩父宮妃勢津子が立ち会い、スタッフに対し委託手術患者の治療に最善をつくすよう述べた。彼女はのちに保生園の委託手術患者も慰問している。[18] 沖縄療友会は、日本への治療委託に「全療友が欣喜雀躍」しているとして、この事業の継続と拡大を琉球政府に陳情した。[19]

一〇月には、手術が成功し軽快した患者一八人が帰郷し[20]、肺外科手術患者の送り出しは順風満帆にみえた。

ところが、肺外科医派遣も含め日本の肺外科協力には突如暗雲が漂うことになる。一九五八年一〇月、琉球列島米国民政府の公衆衛生福祉局は琉球政府社会局に書簡を送り、日本の肺外科協力に関する予算の執行停止を命じた。社会局はこの書簡を公表せずに解決策を探っていたが、当年度の事業が進捗しないのに不審を抱いた沖縄療友会が新聞の協力を得て情報公開を求め、書簡の存在があきらかになった[21]。翌年の三月、前例どおり結核予防会の肺外科医が四か月の技術指導を終えて帰京したのち、公衆衛生福祉局はあらためて社会局に通達を送り、肺外科医の招聘ばかりでなく日本への治療委託も中止する意向を明確にした[22]。公衆衛生福祉局長のアーヴィン・H・マーシャル軍医大佐は三月一三日に記者会見を開き、すでに肺外科手術は琉球人医師のみで可能となったから日本人の技術指導はもはや不要であると述べ、松葉杖に頼り続けると自立歩行できないのにたとえて、この機に治療委託もやめて「沖縄の問題は沖縄で解決すべきだ」と説明した[23]。

マーシャルのこの決定に対し沖縄療友会や立法院野党は激しく反発し、メディアを通じて抗議運動を起こした。このときの琉球政府社会局長は、金武保養院院長から転じた結核専門医の伊豆見元俊であった。彼は、琉球の問題を琉球人医師で解決するという原則には賛成だが、現実には結核専門医の絶対数がいまだ足りないと冷静な意見を述べていた[24]。三月一八日にマーシャルは伊豆見を招いて協議、その結果、日本への委託治療の停止については命令が撤回された。しかし、肺外科医の招聘については結論が見送られた。三月二五日に、伊豆見の上司である琉球政府副主席の大田政作と、マーシャルの上司である琉球列島米国民政府副民政官のローデリック・M・ギーリスがこの問題について協議し、肺外科医招聘についてつぎのような共同声明を発表した。（一）肺外科手術班を二組に拡張し、手術回数を週四例、年間で二六〇例まで増やす、（二）琉球人医師を補充するのに非琉球人医師が必要であれば、琉球の医療改善のための参加を奨励する[25]。これは、マーシャルが面子を失うのを避けつつ、事実上はマーシャル通達を全面的に撤回するものであったといえよう。

マーシャルはなぜ日本の肺外科協力に干渉したのであろうか。彼はドルの流出を防ぐためだと説明することもあった。あるいはまた、彼は離島用の巡回診療船の建造計画を提案していたので、肺外科の予算を流用して、前任者とは違う成果を残そうとする点数稼ぎだと揶揄する批判もあった。[26]しかし、より確実な理由は、彼が日本人の関与を排除したかったからであろう。というのも彼は、肺外科協力の継続不許可とまったく同じ時期に、琉球政府の予算には関係のない慈善団体の医師派遣にも不許可を指示していたからである。

一九五九年四月に那覇の厚生協会病院（同年一二月に沖縄赤十字病院に改称）に新病棟が竣工した。ベッド数が倍増して六四床となるので、日本赤十字社が専門医四人を派遣する計画が進められていた。派遣費用は南方同胞援護会が負担し、厚生協会病院によれば、高度な医療技術を必要とする戦争肢体不自由者の治療をおもな目的とするものであった。竣工前月の三月中旬、この派遣を不許可としたマーシャルは、具体的な計画は把握していないとしながらも、沖縄の医師のみで実行できる計画であるからと述べていた。[27]しかし、肺外科援助の中止命令を撤回した三月末には、琉球以外の医療機関が人道主義的立場から琉球の医療施設の特別分野を補充する目的で援助活動することは問題ないとした。それでも日本赤十字社の派遣を不許可にしたのは、彼によれば、招聘目的である統計資料の整理がすでに完了していたので不必要であったからだという。[28]前後でつじつまが合わないが、厚生協会病院が琉球政府にすら相談せずに日本赤十字社からの医師派遣計画を進めたことに混乱の一因があったようである。このように政府間の公式ルートを通さない民間主導の琉球援助を退ける姿勢は、日本の厚生省にもみられた。その前に次節では、政府間の公式ルートを通した琉球援助についてみておこう。

## 二　日本政府の公式援助――無医地区への医師派遣

日本政府は基本的に琉球援助に積極的であった。それが施政権の回復に向けた実績づくりに等しかったからであろう。一九五一年九月に締結されたサンフランシスコ講和条約によって連合国軍による日本の占領は終結するが、琉球列島については、米国が国連信託統治を提案するまで三権を完全に掌握することになった。ただし、同時に、日本は琉球列島の主権を失わず、潜在主権を持つという解釈が合意された。日本政府にとって琉球援助とは、米国と琉球住民の前でこの潜在主権を確認することに等しく、将来の施政権返還の布石を置くことでもあった。とはいえ、援助実施の前提として、施政権者である米国政府の同意は不可欠であった。米国政府にとって、日本政府の琉球援助は米国の排他的な施政権に抵触するものであった。とりわけ、琉球住民と直接接触する琉球列島米国民政府は、日本政府援助が琉球での米国の絶対的な立場を揺るがすリスクに敏感であったという。[29] 米国政府は、戦後復興を遂げた日本と自国との相対的な力関係の変化にしたがいつつも、日本政府援助のもたらすリスクを慎重に見極めながら、援助の拡大を段階的に許していった。ひとつの転機は、琉球援助について両国政府にはじめて明確な協約が結ばれた一九五九年度の日本政府援助である。医療分野では無医地区への医師派遣事業が嚆矢となった。日本医師会の働きかけにより二年目からこの日本政府援助に組み入れられたものである。

一九五九年以前にも、実質的に日本政府援助に近いものはあった。たとえば、一九五二年度から文部省による奨学金や教員研修費の提供および認定講習講師の派遣があった。その後、一九五〇年代中盤に軍用地問題が国民的関心を集めたため、日本政府は一九五六年に総理府特別地域連絡局を通じて講和条約発効前の土地収用の被害者や、海外引き揚げ者および元沖縄県吏員に見舞金の給付をおこなった。同年にはまた、南方同胞援護会を設立し、政府補助金を給付することにより間接的に琉球の社会福祉施設の整備を進めた。ただし、これらの援助については外交上の根拠はなかった。[30]

琉球援助に関する協約は、一九五八年九月に藤山愛一郎外務大臣がダレス国務長官から引き出したものであった。藤山は日米安全保障条約改定の事前協議のために渡米していた。新安保条約は、相互の防衛義務と経済的協力の促進が規定された点で旧条約に比べれば日米の関係が平等的なものになった。これと軌を一にして、琉球で技術援助を実施したいという日本側の希望に米国は譲歩を示したのである。さっそく次年度予算に畜産、植林、水産加工、土木建設の分野での技術者の派遣と研修生の受け入れのための経費と、戸籍事務に関わる専門家の派遣および

図1-2　日本政府派遣医師団 歓迎会（1961年2月2日）
（出典）沖縄県公文書館琉球政府関係写真資料（写真番号047962）

受け入れのための経費とが計上された[31]。

この公式な技術援助の二年目に追加されたのが無医地区への医師派遣事業である。きっかけは、一九六〇年二月上旬の武見太郎の沖縄島視察であった。当時、琉球政府と社団法人沖縄医師会は医療保険制度の導入を検討中であり、日本医師会会長の武見を招いて助言を求めることにした。しかし、武見が琉球でみたのは、無医地区に代表されるような医療設備の貧困と医療人材の不足という医療保険以前の問題であった。『沖縄大百科事典』（沖縄タイムス社）によると、無医地区とは、地域の中心から半径四キロメートルに五〇人以上が居住しているが医療機関を容易に利用できない地域を指す。医療サービスが容易に受けられないのであれば医療保険など無意味である。視察後の会見でこの問題を指摘した武見は、日本政府を動かして無医地区に医師を派遣することをその場で約束した[32]。武見を動かしたのは、本章の冒頭で紹介した琉球衛生研究所の照屋寛善の直訴にも似た訴えであった。照屋によれば、沖縄の医師数は人口比で日本の三分の一にすぎず、しかも大半は那覇市内で開業していた。地方の医師不足を補うために、医介輔という特別な身分を設け、医師免許を持たないが医薬業務の経験のある者を独立診療させているが、そのような介補診療所すらない僻地や離島が複数あった[33]。

武見は政界への影響力で知られ、彼の約束どおり一年後の一九六一年一月二八日には、総理府の募集に応じた日本人医師一三人が那覇港に到着した。琉球政府行政主席の大田政作、琉球列島米国民政府公衆衛生福祉局長のハイスミス、沖縄医師会会長の大宜見朝計らを筆頭に多数の歓迎を受けている（図1-2）。学齢期の子どもを連れた医師も複数いた。沖縄の医療現状について説明を受け、家族とともに南部戦跡を見学したのちに、それぞれ離島や僻地の診療所へ赴いた[34]。任期は二か年で、一九六三年に彼らは交替あるいは契約更新され、無医地区への医師派遣事業は施政権返還まで継続された。

この事業は、琉球での医療人材の不足を日本人医師の派遣によって補ったという点で、前節で検討した肺外科医の派遣と同様の事業であったようにみえる。けれども、肺外科医の招聘は琉球政府の事業であり、その予算は琉球列島米国民政府の支出金で賄われていた。これに対し、無医地区への医師派遣は、日本政府の事業であり日本政府が計画し、経費の半額は国庫から支出しておこなわれた。政治的な意味合いは大きく異なるといえよう[35]。

このような方向転換は、一九六一年六月の池田勇人総理大臣とジョン・F・ケネディ大統領の共同声明により決定的なものとなった。琉球に関する一節は、「大統領は、米国が琉球住民の安寧と福祉を増進するために一層努力をはらう旨確信し、さらに、この努力に対する日本の協力を歓迎する旨述べた。総理大臣は、日本がこの目的のため、米国と引き続き協力する旨確信した」というものである。日本の協力を歓迎するという大統領声明にしたがい、日本政府の援助は琉球政府の一般会計に直接振り込まれるようになる[36]。図1-3に示した、琉球政府一九六二会計年度の五万ドルがその端緒であった。一方、米国側もいわゆるプライス法（「琉球列島における経済的社会的発展の促進に関する法律」、一九六〇年七月成立）により琉球への経済援助が法的根拠を与えられて経常化し、一九六二年七月と一九六七年一一月の二度の改正で上限が引き上げられた。それにもかかわらず、日本政府援助は急速に増加して一九六七会計年度に米国の支出額を超え、さらに施政権返還に向けてうなぎ登りに増額されていった[37]。

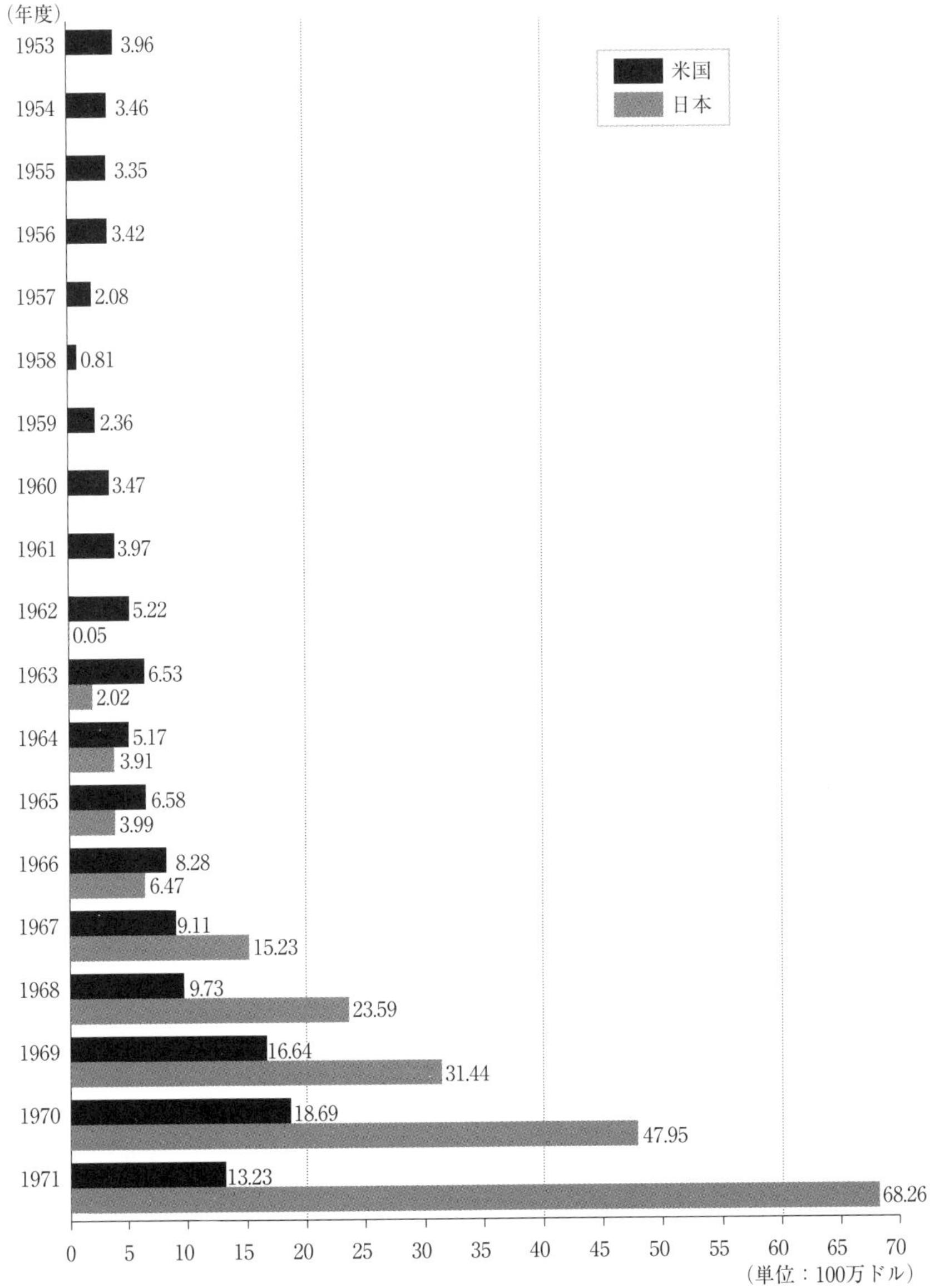


図1-3　日米政府の琉球援助の推移

(出典)『財政関係資料』琉球政府企画局予算部予算課、1971年、51頁をもとに作図

## 三　結核患者の本土移送と厚生省の干渉、再計画

### (一) 春霞園の計画

一九六〇年代初頭は日本からの琉球援助に好適な環境が整いつつあったが、日琉の関係は日米の外交関係でもあり、政府のルートに載らない琉球援助は冷淡に扱われた。その好例が本論の冒頭で触れた結核患者の本土移送である。国立療養所春霞園の工藤敏夫所長の発意を受けて、在沖の患者団体である沖縄療友会と沖縄協会兵庫県本部(一九六二年度より沖縄県人会兵庫本部に改称)が協力し、琉球の結核患者を春霞園で治療させる計画であった。実施早々に厚生省の干渉により中断するが、一方で、厚生省はこれを公式な日本政府援助として再計画し、米国の合意も取り付けて、大規模な日本政府援助事業として継続することになった。

工藤所長の計画が公になったのは、一九六一年二月二二日の『沖縄タイムス』に掲載された関西支局新川記者の通信記事であった。その見出しには、「結核患者に福音　国立療養所が受け入れ　四月から五十人　費用はいっさい無料　旅費だけ負担　工藤春霞園院長が斡旋」とあった。[38]

国立療養所春霞園は、一九四一年に設立された兵庫県立結核療養所春霞園が日本医療団春霞園を経て国立移管されたもので、六二〇床を有した大規模施設であった(図1-4)。敷地のある兵庫県三田市上野ケ原には阪神地区の療養施設が林立し、春霞園に隣接して、傷兵保護院兵庫療養所を前身とする国立兵庫療養所があった。一九六八年に両者は合併し兵庫中央病院として現在に至る。工藤は、国立移管時からこの合併までの約二〇年のあいだ春霞園の所長を務めていた。

彼の計画は、春霞園の病床のうち五〇床を常時確保し、琉球から送られる結核患者に無料で使わせるというものであった。国立療養所では、低所得層の入院患者には所長の判断で治療費を減免することができた。ただし、日本の結核予防法では、寝具ほか入院中に必要となる日用品はすべて自己負担であった。この自己負担分については、

図1-4　国立療養所春霞園本館
（出典）兵庫中央病院提供

附近の市町村に移転届けを出して生活保護費でカバーできる可能性が高かった。渡航費さえ工面できれば完治まで専門施設で療養できるというのは、琉球の貧困層結核患者にとってまさに福音であったであろう。

　工藤がのちに語ったところでは、計画立案までの経緯はつぎのようなものであったという。この年（一九六一年）の二月に京都大学結核研究所の内藤益一が沖縄公務員医師会による招聘講演で沖縄を訪問した。そのさいに内藤は、当地の深刻な結核状況を見聞した。収容施設が不足しているために、感染源となる患者を隔離することができなかった。ほとんどの患者は在宅で抗結核薬を服用しているが、薬剤に耐性をもった結核菌が発生していた。内藤の見聞を春霞園の勤務医を通して伝え聞いた工藤は、「沖縄人は激しい戦禍を被り、なおいま苦しんでいる」と深く同情し、沖縄協会兵庫県本部に詳細を確認に行った。沖縄協会兵庫県本部は、郷里の人々を救済しようという工藤の提案に賛同し、患者の世話役を引き受けることを約束し計画がまとまったのだという。[39]

　兵庫では、大阪や和歌山より遅れ一九三〇年代から沖縄出身者の集住地区が形成された。本格的に組織化されたのは戦後であったが、兵庫の沖縄人は神戸港に貸しビル兼事務所として兵庫沖縄会館を建設し、これを基礎財産とする財団法人「兵庫沖縄協会」を設立して活発な県人会活動をおこなっていた。[40] 会長の上江洲《かみえす》久は尼崎市議会議員であったので、まず尼崎市に琉球患者の生活保護について相談を持ち込んだが、引き受け可能人数は数人であった。しかし、神戸市や三田市など近隣の市町村でも県人会員を使って分担させることで、五〇人の生活保護を申請する見込みを立てた[41]。

四月初めに沖縄療友会会長の照屋寛善が兵庫を訪れ工藤や上江洲と実際に会い、三者の役割分担が確認された。すなわち、春霞園はベッド五〇床を沖縄からの入院患者のために確保し看護人員の配置を整えておく。沖縄協会兵庫県本部は、迎え入れた患者を会員の居住地に分散して住民登録し兵庫県民として生活保護申請できるよう手続をする。沖縄療友会は、送り出し患者の人選と渡航手続きをすすめる。このときすでに沖縄療友会には二〇〇人あまりの渡航希望者が殺到していた。そのなかから中等症の自宅療養者五〇人が厳選され、四月二五日に第一陣として一一人が神戸に向けて那覇泊桟橋を後にした[42]。

## (二) 日本政府の干渉と政府援助としての再計画

工藤の計画は療養所と県人会、患者団体の三者の連携のもと動き出したが、厚生省の干渉で瞬く間に頓挫してしまう。一一人の患者が洋上にあった四月二六日、厚生省社会局から兵庫県民政部厚生課あてに琉球の患者の生活保護適用は見合わせるよう通達が送られ、県厚生課は尼崎福祉事務所ほか生活保護適用手続きの窓口機関にこの決定を伝えた。同時に、厚生省医務局からは春霞園あて、琉球の患者は自費入院扱いにするよう通達があった。生活保護が不許可になったという知らせを受けて、五月中旬に沖縄をたつ予定であった第二陣は出発を延期した[43]。

個人としてならば琉球の患者が国立療養所で無料治療することに問題はなかった。じっさいに、兵庫県の親族を頼り県下の市町村に転入した個人が生活保護を受給し、療養所では入院費免除の適用を受けた前例はあった。しかし、すでに三月九日の段階で、厚生省は、一療養所が公式の窓口を通さずに琉球の患者を集団で受け入れるのは不適切だという見解を示していた[44]。ここでいう公式の窓口とは総理府の特別地域連絡局（特連局）である。米国施政権下の日本領土に関する事務取扱機関として総理府内に南方連絡事務局が置かれていたが、日ソ国交回復後に北方対策事務の機能を加え特連局と改称していた。じつは、沖縄協会兵庫県本部は厚生省の難色を知ると沖縄療友会に通信を送り、あくまで患者個人の渡航と入院という名目で押し通すと伝えていた。[45] けれども、日本政府は名目のみの個人的療養を認めなかったのである。

問題の四月二六日には、照屋寛善は上京中であり、沖縄療友会会長として、厚生省で医務局医事課長と社会局保護課長、総理府特別地域連絡局課長と面談していた。彼らもまた、琉球の患者の受け入れは政府間の取り決めがないので無理という意見であった。加えて、団体で来て生活保護を申請するのは予算上の問題もあり困る、患者送り出しについて沖縄療友会がさきに送った陳情書を検討中なのに、返事を出す前に送り出しが具体化してしまい困惑しているという非難を照屋に向けた。さらにもうひとつ特別地域連絡局の課長が懸念していたのは、「これはもっとも大きな心配だが、USCARの意向はどうなのか」ということであった。[46]

皮肉なことに、「USCAR」すなわち琉球列島米国民政府は結核患者送り出しに積極的であった。ただし、結核患者の送り出しが琉球の結核状況を改善すると期待したからではない。たいした改善を期待できないにもかかわらず、広報的な見地から送り出しを是認したのであった。五月九日付けで公衆衛生福祉局ハイスミス局長から民政官および副民政官に送られたメモがある。これによると、ハイスミスは、結核患者送り出し計画について琉球政府からつぎのような説明を受けていた。すなわち、軽症あるいは中等症の生活保護受給患者を日本政府の負担で治療する計画であり、肺外科適用患者は含まれない。該当者は六五〇人いて、すみやかに五〇人を送り出し、予算措置ができればのちに一〇〇人まで拡大する。この計画に対し、ハイスミスは、琉球に在宅治療者が九二〇〇人いるが結核ベッドは六一四床しかないという状況に言及したうえでつぎのようにコメントしている。

琉球政府が日本に送り出そうとしている患者の数では、ほんのわずかな改善にしかならず、病床と医療人材の不足という大問題を解決することにはならないだろう。けれども、もしここで琉球政府の患者送り出しを許可しなければ、米国は、患者送り出しを許可した場合よりもはるかに大きな威信の喪失を被るであろう。[47]

日本政府が琉球援助によって住民への影響力を増すことは、琉球住民に対する米国の絶対的な立場を脅かす懸念材料であった。日本の国立療養所に結核患者を送って治療することは、施政権下にある琉球に十分な療養施設を整えられないという意味で施政権者の威信を傷つけることであったはずである。しかし、ハイスミスが、そうであっても患者送り出しを拒むよりはよいと判断したのには、二年前に結核予防会の肺外科協力に干渉したマーシャル前局長の失策が念頭にあったのではないだろうか。無理に患者送り出しを中止させて住民から抗議を受け、あとになって中止命令を撤回するようなことになれば、これ以上の威信の喪失はない。

図1-5　結核患者の本土出航を見送る沖縄療友会旗
（出典）沖縄コロニー提供

結核患者の本土移送について米国側に異論がないのであれば、問題は正式な行政手続きの欠如に絞られる。五月三〇日の午後、厚生省の会議室に医事課長と厚生技官、総理府特別地域連絡局第二課長、那覇日本政府南方連絡事務所長が集まり、ふたたび照屋寛善を呼び寄せた。すでに春霞園に入院している患者の処遇はいったん棚上げし、新年度の結核対策援助について協議がおこなわれた。その結果、日本政府の正式な琉球援助として、生活保護対象の結核患者を国立療養所に入所させて治療するという基本合意が成立した。この席で照屋は、生活保護患者の数と重症患者の数を勘案し入院患者計一五〇〇人を要望し、日本政府側に了承されている。一方、日本政府側からもいくつかの受け入れ条件が付けられたが、そのひとつは、リハビリテーションについては琉球でおこなうというものであった。照屋は回想で、この受け入れ条件

## コラム 「Japan」は「本土」か「日本」か——琉球列島米国民政府渉外局文書にみる翻訳問題

結核患者の移送に関わる合意文書は「Understanding Concerning Acceptance of Ryukyuan Tuberculosis Patients in Japan」という。まず、琉球政府厚生局長と高等弁務官が三通に署名し、一九六二年六月二九日に琉球列島米国民政府から東京の米国大使館に送られ、これに厚生省の医務局長が署名して二通を大使館経由で返送した。そのさい和文三通が作成されて同封されたが、米国民政府総務局はこれを渉外局に転送するさいに「Japan」が「本土」と翻訳されているというコメントを付した。和文は「琉球結核患者の本土受け入れに関する了解事項」であり、本文中にも「本土」と翻訳した箇所があった。

渉外局長のエドワード・フライマスは、民政次官輔あての報告でこれを許容範囲としている。大統領が「琉球は日本本国の一部となる」と宣言しているというのがその理由であった。ところが、高等弁務官府の政治顧問ジェーラード・ワーナーはこれに異議を唱えた。「日本」と「本土」を混在させた公文書はないというのがその理由であった。フライマスはあらためて民政次官輔に報告を送り、「日本」は日本政府と直結する文脈で使用され、「本土」は地理的・政治的な概念として使用されていると再反論した。ワーナーも自説を曲げず、民政官と渉外局に意見書を送った。彼によれば、「本土」は話し言葉であり、米本国や中国大陸を指す可能性もあるのだから、公文書にはふさわしくないという。琉球を日本から自立した存在とする政治的意図がワーナーにあったかはわからない。結局、和文は修正されず、ただし彼の意見を付けて大使館に返送されている。

一方、フライマスが、日本政府に対し琉球政府の発言力を守る場面もあった。岡山県立邑久《おく》高等学校新良田《にいらだ》教室への進学を定めた文書は、一九六五年五月に南方連絡事務所で英文に翻訳していた。米国民政府渉外局は翻訳の質に不満を抱き、七月に独自に再翻訳した結果、岡山県教育委員会が琉球に赴いて入学試験を実施しようとしていることが判明する。米国民政府は、琉球政府が入学試験を実施するよう変更を求めたが、南方連絡事務所を通じて伝えられた日本政府の見解は、「岡山県教育委員会は琉球政府に対し従属的立場に置かれない」というものだった。反対に米国民政府は、「琉球政府は日本の一県に対し従属的立場を取らない」という見解であった。一二月になって、南方連絡事務所所長がフライマスを訪ねて直談判し、「入学試験は岡山県教育委員会が琉球政府と協力して実施」という妥協案でようやく解決された。

米国施政では翻訳は不可欠であり、相対する思惑を背景に行政にこのような遅滞を生んでいた。

を、「退院後日本に留まると迷惑という意味」と補足説明している。[48] 治療後にそのまま日本に残ってはいけないというのは、さきに肺外科患者の委託手術のときにみたのと同じ条件であり、後段であらためてその意味を検討したい。

結核患者の本土移送は、この事前合意にもとづいて琉球政府から日本政府への援助要望項目に加えられ、日本政府の一九六二年度予算に患者一〇〇人分の入所経費が計上された。会計年度の開始月が日本とは異なるので、この予算は琉球政府の一九六三会計年度（一九六二年七月—一九六三年六月）の前半に執行されることになる。これにさきだって「琉球結核患者の本土受入れに関する了解事項」という覚書が作成され、琉球政府と厚生省および高等弁務官が署名した。[49] 結核患者の本土移送は、日本政府の立場からすればいわば掛け違えたボタンを掛け直し、公式ルートのもとで実施されることになったのである。

### （三）同胞意識

表1-1に示すように、一九六三年会計年度に一〇〇人の枠で始まった結核患者の本土移送事業は、つづく一九六四会計年度には送り出し患者は年間のべ人数で二九〇人、翌会計年度は三六六人、一九六七会計年度には五九七人と拡大し、施政権が返還された一九七二年までに二七三〇人が国立療養所に移送された。[50] 照屋の要望した一五〇〇人の二倍に近い数の患者が移送されたことになる。しかし、琉球の結核状況の改善におけるその効果を言うのは難しい。この時期に琉球の経済は急速に成長し、生活水準がそれに比例して向上していたからである。むしろ、はっきりと言うことができるのは、結核患者の本土移送事業には公衆衛生以外の影響があったということである。

関係者が指摘しているのは、この事業は日本政府に対し、琉球人が日本人であるという認識を強めさせたということである。一九六一年五月末、さきに述べたように春霞園の患者の問題は棚上げにされていた。生活保護手続きは沖縄協会兵庫県本部の役割分担であったので、会長の上江洲久は上京して生活保護不適用の通達を撤回するよう陳情した。厚生省社会局の担当者は、外交上の措置がなされずに日本政府が琉球住民に関与するのは好ましくな

表1-1　結核患者の委託先と委託結核患者数の推移

| | 1963 | 1964 | 1965 | 1966 | 1967 | 1968 | 1969 | 1970 | 1971 |
|---|---|---|---|---|---|---|---|---|---|
| 福岡東 | 106 | 127 | 59 | 46 | 12 | 37 | 9 | 7 | 5 |
| 兵庫中央 | 12 | 55 | 60 | 54 | 35 | 30 | 50 | 33 | 38 |
| 中部 | | 52 | 27 | 20 | 28 | 20 | 14 | | |
| 東京 | | 56 | 28 | 18 | 36 | 33 | 12 | 34 | 46 |
| 指宿 | | | 58 | 24 | 35 | | | | |
| 岡山 | | | 53 | 21 | 86 | 27 | 19 | | |
| 延寿浜 | | | 30 | 30 | 25 | 23 | | | |
| 天竜荘 | | | 51 | 19 | 79 | 43 | 10 | | |
| 千石荘 | | | | 50 | 80 | 34 | 9 | 24 | 11 |
| 村山 | | | | | 30 | 19 | 32 | 13 | 29 |
| 神奈川 | | | | | 101 | 34 | 22 | 68 | 36 |
| 晴嵐荘 | | | | | 50 | 63 | | | |
| 保生園 | | | | | | | 43 | 44 | 53 |
| 大日向 | | | | | | | 13 | 18 | |
| 合計 | 118 | 290 | 366 | 282 | 597 | 363 | 233 | 241 | 218 |

（出典）『沖縄の結核・1971年』、181頁より作成。
年次は琉球政府の会計年度であり、たとえば、1963会計年度は1962年7月1日から翌年6月30日まで。

いと説明した。両者の見解は嚙み合わず、ついには国会議事堂の食堂で激しい口論になったという。苛立った上江洲は、「日本人である沖縄の同胞が法の恩恵に浴することを拒否されたのは憲法に反する重大な差別行為」であり、沖縄協会兵庫県本部は厚生大臣を相手に提訴すると啖呵を切ったという。[51] 沖縄協会兵庫県本部はこの論理で運動を続け、その年の一二月一日に上江洲は春霞園患者の生活保護適用認可の通知を受け取ることになった。沖縄協会兵庫県本部[52]はこれを「当然のこととはいえ、喜ばしい限り」と評している。[53] 一方、沖縄療友会の照屋寛善については、沖縄療友会の沿革史は、「照屋会長の本土における強力な各関係機関での折衝は、ついに本土側の理解を得、今まで閉ざされていた対外的な厚いカベを突き破り、日本国民としての同胞感の意識を高め、沖縄の結核対策への関心をいやが上にも当局に新たな理解を深めさせることは、もっとも意義ある折衝であった」[54]と振り返っている。

いずれの言明もキーワードは「同胞」であろう。両者はともに、結核患者の本土移送事業を支えたものが、琉球と日本のあいだの政治的な隔たりを埋める同胞意識だと述べている。そもそも、工藤に結核患者の本土移送を発意させたとされるのも同胞意識であった。彼はその道徳的根拠にも言及している。彼が病床の提供を提案したのは、「戦争でひどい目にあい、なおかつ苦しんでいる沖縄の人々に対し、何とも申し訳ない」[55]という理由からであり、「異民族の支配下で苦労している沖縄の人たち」に手を貸すことは「本土に住むわれわれの責務」[56]だと考えていたと記録されている。さらに、工藤は、施政権返還に臨んでも、それを「同胞として、心から祝福したいのでありますが、占領下二十数年間に亘る沖縄県民の苦難に対して、本土政府及び我々国民は、心から暖かく報いねばならない」[57]と述べ、同胞としての道徳的義務が存続していることを指摘していた。このような工藤に比べれば、米国の意向を懸念したり、さきに触れたようにハンセン氏病感染者の上陸を恐れたり、結核患者が治療快復後に日本に留まらないよう求めたりした日本政府は同胞意識が希薄であったということになろう。完全な同胞に対してはそのような分け隔てを正当化する理由はないからである。けれども、このように極論的に言うならば、工藤の同胞意識もまたかならずしも完全なものではなかった。本章の残りでは、この点について考えてみたい。

## 四　結核状況の改善と国立結核療養所

工藤敏夫は沖縄療友会の周年誌に寄稿を求められ、彼の先導した琉球からの結核患者移送について厚生省社会局から非難を受けたことに触れている。[58]春霞園への患者の移送は「アメリカ軍政の批判であり、正規の手続きをしない」からという理由で非難され、彼の進退問題にまで発展したという。つづけて、「幸い、小生の首切りは済んだものの早速、十数名の定員や予算の消滅が来た」と記しているのは、彼個人でなく彼の療養所に対して懲罰的な処置があったと彼が理解していたことを示す。結核患者移送が一九六二年度日本政府援助として予算化されたとき定員は一〇〇人であった。工藤は、「春霞園に一二名入院して居たが、八八名を態々、福岡《マ》療養所《マ》に入院させた理由は、未だに私にはわからない」と記している。すなわち、一二人分は、工藤の計画の第一陣としてすでに春霞園に入所していた患者にあてられたが、出発延期になっていた第二陣は、春霞園ではなく福岡に送られたのであろう。[59] 表1-1に示したように、定員の残り八八人分は一九六二年七月に国立療養所福岡東病院にあてられた（表1-1では一〇六人なのは一九六三年一月と四月に計一八人の追加があるため）。工藤は理由がわからないというが、この処遇も彼の療養所への懲罰的意味合いを帯びていた可能性がある。というのも、当時の国立療養所は入院患者を切実に求めていたからである。

結核療養所は戦後に急増したが、一九五六年の計七一三施設で頭打ちとなり、一〇年後の一九六六年にはその半分以下の二八三施設へと急速に減少した。結核ベッドは一九五八年の計二六万三二三五床で頭打ちとなり、一〇年後の一九六八年では一九万五七一〇床とやや緩慢に減少した。結核ベッドの使用率は、一九五一年から一九五五年までが九〇パーセントを超え実質的な満床状態であった。このような療養所およびベッドの増減は、入院希望患者の増減に連動していた。不治の病といわれた結核が治る病気に変わり、より多くの患者が治療を求めて療養所に向かった。同時に、以前ならば入院患者の死亡により空いていたベッドが空かなくなった。本章冒頭の図1-1に示したように、結核死亡率の急速な減少にやや遅れ病床数が急増している。国立療養所清瀬病院の院長を長く務めた島村喜久治は、一九五〇年代前半に結核療養所は隔離収容施設から治療病院へと再定義されたような状況であったと記している。[60] しかし、結核を治る病気に変えた医療技術の進歩はやがて、入院に必要な日数を短縮させ療養所に空きベッドを発生させることになった。図1-1に示した結核ベッドの増減は国公立療養所と私立療養所を合わせた数値であるが、変動の要因はおもに私立療養所の増減である。私立療養所は入院希望患者の増加にすばやく反応して開設され、入院希望患者の減少に応じて結核療養所以外の医療施設に転換していったのである。[61] 患者が任意に利用する私立療養所とは異なり、国立療養所は施療や命令入所という公共的役割も担っていたのであるが、それでも一九五〇年代末までにやはり空きベッドが問題化した。

すでに一九五六年度の全国国立療養所長会議にて、厚生省医務局は「病床利用率の向上について」という指示を出していた。利用率が低下している原因の究明と補正措置を各療養所に課し、新規患者の発掘やサービスの向上、活発な広報活動を勧めている。たとえば、社会福祉事務所や保健所、開業医から生活保護受給患者を送致してもらうこと、健康相談や一斉検診に協力し外来患者を送ってもらうといったことである。患者を誘致する策として、給食内容の飛躍的改善、学齢患者の学習環境整備、訪問者送迎サービス、さらにはペンキの塗り替えといったことまでも言及されていた。[62]

しかし、利用率の低下には、結核感染の質的変化という、より根本的な原因があった。一九五八年におこなわれた第二回全国結核実態調査では、医療を必要とする患者の数は五年前の第一回調査とほぼ同数であったが、入院を必要とする患者の数は六三パーセントまで減少していた。つまり、結核は相変わらずまん延していたが重症化はしづらくなっていた。このような趨勢を踏まえ、一九五九年度の全国国立療養所長会議では、都道府県単位で療養所をグループ化し、医療機器は共同利用し、一方で施設の機能は分化させてグループ内の療養所で分担する方針が固まった。経営面についても、一律に運営経費が支給される一般会計方式から、療養所が独自の計画を立てて予算請求する特別会計方式への移行が確認された。[63] いずれも、社会のニーズに柔軟に対応するための改革であったといえよう。

このような改革をさらに急がせたのは外部からの圧力であった。一九五九年一一月に行政管理庁による国立病院および国立療養所の監察結果が発表された。国立療養所の非効率的な施設運営と病床利用率の低下が問題視され、「結核療養施設として利用率の低いものについては、統合ないし利用転換を検討する必要がある」という明確な勧告が発せられた。[64] 翌一九六〇年一二月の厚生省の回答では、すでに主体的に検討していた都道府県ごとのグループ化案に言及し、結核療養所としての需要が小さい施設は「漸次、他の医療施設（たとえば一般病院、精神療養所等）への利用転換を計画中」であると報告されている。

一九六〇年度の全国国立療養所長会議で国立療養所再編計画が採択され、翌年度から国立療養所の統廃合と、精神療養所あるいは一般病院への転換がつぎつぎにおこなわれた。一九六八年までの第一次計画では、計一七施設が統合されて八施設になり、そのほかに廃止が一施設、精神療養所への転換が三施設、一般病院への転換が二二施設あった。日本政府援助で最初に琉球の患者が移送された国立療養所福岡東病院は、第一次計画の初年度に三つの療養所を統合した施設であった。春霞園が兵庫療養所と統合されて国立療養所兵庫中央病院となったのは、第一次計画の最終年度の事業であった。

照屋寛善は工藤敏夫を「豪快な義侠肌の人物」と評し、工藤は「沖縄の人々に対し、何とも申し訳ない」という道徳的負い目から春霞園の空きベッドに患者を受け入れたのだという。[65] 沖縄県人会兵庫県本部も工藤の「沖縄に寄せる愛情と毅然とした態度」を賞賛し、春霞園の治療費減免が最終的に不許可であれば、退職金を使ってでも患者の面倒をみると約束していたことを伝えている。[66] 工藤がひとりの日本人として良心的で誠実な人間であったことがうかがえよう。けれども、国立療養所長としての工藤は、本節でみたような国立療養所の再編・統廃合のプレッシャーのなかで琉球からの患者受け入れに動いたことも無視してはならないであろう。「異民族の支配下で苦労している沖縄の人たちは、ベッドがたりなくて困っているという。余裕のあるベッドを最大限提供することが、本土に住むわれわれの責務ではないか」[67] というとき、空きベッドを前提とした援助であったということも可能だからである。極論にはなるが、空きベッドがなくとも、ほかの日本人患者と同じように入院待ちリストに入れるという判断がなかったことはまちがいない。日本に空きがあるので、空きがなくて困っている琉球の患者で満たすという援助のありかたは、ほかの日本政府の医療援助事業においてもみとめられるものであった。比較によって論点を明確にするために、次節ではハンセン氏病高校生の受け入れ事業をみてみよう。

## 五　ハンセン氏病高等学校の琉球人生徒

琉球列島米国民政府では、日本政府からの援助は、日本の会計年度ごとに「琉球列島への日本政府経済援助」という文書が作成されている。このうち結核患者の本土移送は、当初は「結核患者の日本での入院」[68]という事業名であったが、一九六五年度分では事業名は「結核患者およびそのほかの患者の渡航費」[69]となり、以後「そのほかの患者」が事業の対象となる。「そのほかの患者」とは、あらたに日本政府援助に組み入れられたハンセン氏病患者の高校進学と原爆症患者の治療入院を指していた。

琉球列島は戦前よりハンセン氏病の流行地であった。一九三〇年の有病率は他府県が一〇万人あたり二・一〇人であったのに対し、沖縄県は一五・六一人と桁違いであった。一九三〇年代に宮古島に宮古保養院、屋我地島に国頭愛楽園が開設され、沖縄戦で一時的に隔離施設としての機能を失ったものの、前者は宮古南静園、後者は沖縄愛楽園として戦後も存続した。一九六〇年に日本政府援助で「琉球におけるらい対策に関する調査」がおこなわれ、その勧告にしたがって琉球政府は「ハンセン氏病予防法」を公布、外来治療が制度化された。それでも米国施政権期を通じて有病率は一〇万人あたり一五人を下ることがほとんどなかった。対照的に日本では一九六〇年に一〇万人あたり一・二三人、一九七〇年に〇・九二人と順調に減少した[70]。

ハンセン氏病学生の高校進学とは、瀬戸内海のハンセン氏病療養所・長島愛生園内にあった岡山県立邑久《おく》高等学校新良田《にいらだ》教室への進学を指す。かねてより全国国立療養所ハンセン氏病患者協議会は患者のための普通科高等学校の必要を訴えていた。戦前の癩予防法に替えてらい予防法が制定されたとき、この要望が採用された[71]。開学は一九五五年九月、定員は一学年三〇人、修業年限四年の定時制であった。生徒募集は全国一一か所の国立ハンセン氏病療養所を通しておこなわれ、入学試験は岡山県教育委員会が各療養所に出張しておこなった。琉球二園といわれた愛楽園や南静園がこの制度の適用を受けるのは一九六五年度からである。

しかし、それ以前から、新良田教室には琉球で義務教育を終えた生徒たちが在籍していた。新良田教室第六期生（一九六〇年入学）の金城幸子は、一七歳の年に愛楽園の同級生と二人で鹿児島県鹿屋市の国立療養所星塚敬愛園に転籍し、高校受験に臨んだ。同級生は合格、彼女は不合格であったが、沖縄出身であった長島愛生園自治会長のはからいにより友人と一緒に愛生園に転籍し一年浪人して進学を果たしたという[72]。第七期生（一九六一年入学）の伊波敏男は、外見からハンセン氏病患者とわかるような障害があった。園外の往来をとがめられるリスクがあったため、サバニ（小型ボート）で愛楽園を脱走した。父親に伴われて米軍の出域審査をくぐり抜け、やはり星塚敬愛園で受験準備をして進学を果たしたという。伊波によれば、このように個人的に転籍した者が彼を含めて一九人、のちにできた黙認ルートによる者が一三人、計三二人が琉球を脱出して受験し新良田教室への進学を果たした。[73]

このような変則的な受験を終わらせ国立療養所と同じ受験制度を適用するには、総理府を通して米国側と交渉し何らかの取り決めを結ぶ必要があった。新良田教室の校長・高田善明は、東京での陳情の様子をつぎのように回顧している。総理府には旧制西大寺中学校で同窓だった井原敏之がいた。高田は厚生省から総理府特別地域連絡局がハンセン氏病高校生の受け入れに反対していると聞いていたので、総理府に着くとまず琉球担当の課長に善処を依頼した。しかし、担当課長は米国民政府が反対しているとして体よく受け流そうとした。高田は課長の誤魔化しは責めず、帰り際に、総理府内にいる同郷の親しい友人への取り次ぎを依頼した。井原はのちに行政調査事務次官まで務める高級官僚であり、その名を聞いた課長は態度を豹変させたという。井原の「人道的にも良い」という賛同を得て、愛楽園および南静園での入学試験への道が開かれることになった。[74] 米国側の反対は、琉球列島内で実施される入試について琉球政府は日本の一県つまり岡山県に従属すべきでないという点のみであった。協議の結果、琉球政府と協力し岡山県教育委員会がおこなうということで合意された。[75]

なぜ、新良田教室は、創立から一〇年後になって琉球の生徒に正式な門戸を開いたのだろうか。高田校長は、それが入学志願者減少への対応策であったと明言している。彼の回想によると、長島愛生園の園長室で雑談中に、琉球には幼いハンセン氏病患者がまだ相当数いることと、琉球の結核患者の本土移送が始まることとが話題となった。志願者の減少はかねてより懸念されていたので、この「耳よりな話」に園長が興味を抱き、琉球での学生募集を政府に陳情することになったという。[76] 創立当初は受験者が多く浪人生も生じた新良田教室であったが、一九六二年以降は募集定員割れが続いていた。[77] 図1-6は各年度の卒業生に占める琉球二園からの入学者を示したものである。さきに触れた金城や伊波をはじめとする一九六四年以前の変則的受験者三二人は本土の受験者として

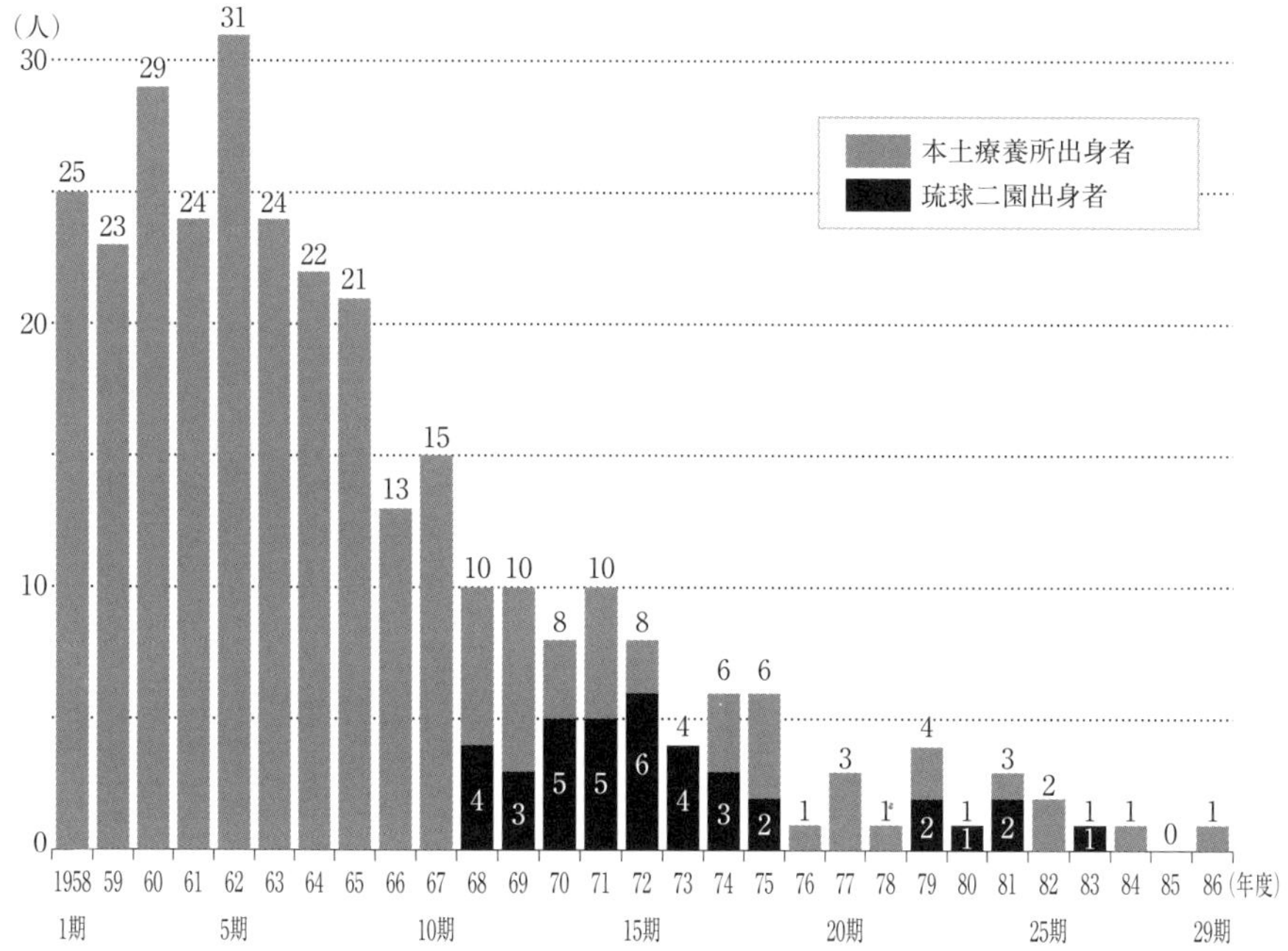


**図1-6　岡山県立邑久高等学校新良田教室の卒業生数の推移**

（出典）『閉校記念誌　新良田』、206-207頁より作成。

カウントされてしまっている。それでも、新良田教室の歴史の後半は琉球二園からの生徒の比率が高かったことがよくわかる。琉球二園の生徒の絶対数が少ないのは、琉球では一般の高等学校が軽症の生徒を受け入れたからであり、受け入れ事業は高田校長にとっては期待外れの結果となった。彼は植民地下の台北で勤務経験があり、次善策として台湾や韓国からのハンセン氏病生徒の受け入れまでも検討しようとしていたが、もちろんそのような可能性はなかった。[78] 入学志願者のいなくなった新良田教室はその役目を終え、一九八七年三月に閉校式がおこなわれている。

# おわりに

日本からの医療援助によって救われた命はいくつあったであろうか。取り戻された健康な日々はどれくらいあっただろうか。まずは、援助に携わった人々の熱意と努力が高く評価されるべきである。しかし、本章でみたのは、米国施政権下の琉球という歴史的文脈のなかでは、医療とは異なる次元での価値を医療援助がもったということであった。琉球列島米国民政府は、日本の結核予防会の協力のもとに順調に進んでいた肺外科手術に干渉したり、春霞園の患者受け入れ計画は規模が小さくて琉球の結核状況を改善しないと認識しながらも計画の実施を許可したりした。これらは、施政権者の面子が患者の命や健康よりも優先する問題であったことを示す。一方、日本政府が春霞園の計画に干渉したのは――のちに規模を拡大し患者移送を再計画するとはいえ――目の前の患者の命や健康よりも日米の外交関係を優先した結果であった。医療援助は、理想的には医学的判断にのみしたがい、命と健康を守るために最善がつくされるべきである。しかし、現実には、政治的な思惑が錯綜する社会のなかで実施されるのであり、琉球列島米国民政府や日本政府の判断は、実際の医療援助においては命と健康よりも重要視される目的が生じることを示している。純粋な医学的効果以外のものに目が向いたということでは、結核患者の本土移送に尽力した沖縄協会兵庫県本部や沖縄療友会も同じである。彼らは、結核患者の本土移送をめぐる交渉が日本政府あるいは日本人の琉球住民に対する同胞意識を高めたことを評価していたからである。

同胞意識は、日本の琉球援助を正当化する根拠として語られた。冒頭から何度か触れたように、春霞園の工藤所長は「同じ日本人として放っておけない」と語っていた。これは、窮状にある人々に対する一般的な同情ではないのはもちろん、たとえば台風や地震の被災地となった他府県民に対する同情とも異なる。工藤が語っているのは、同じ日本人として対米戦を経験しながらも、琉球住民とは異なり、地上戦による破壊を免れ米軍支配下の窮状からも離れていられることを自覚したときの琉球住民に対する道義的な負債の感情であろう。同様に、愛生園の新良田教室の高田校長は、「大戦で本土の防波堤の役目を押しつけられ、戦後は占領下にあり、苦しむ同胞県民に対し、宗主権は日本にあるとはいい条、今は何もできぬ〝やまとんちゅ〟の気持ちの一端としてでも」という決意で東京での陳情に赴いたという。[79] 当時の良識ある本土住民が琉球住民に対する姿勢はこのようなものであっただろう。

彼らの心情に偽りはなかったにちがいないが、同胞意識を語るその言説のままに隔たりを埋めたのかは疑問の余地がある。本章でみたように、結核患者の受け入れは空き病床を前提としたものであり、琉球二園からのハンセン氏病生徒の募集は募集定員割れを前提としたものであったからである。琉球住民がほんとうに他府県の住民と変わらぬ同胞であるならば、病床の状況や定員充足のいかんにかかわらず、入院や入試の可能性を開く試みがあったはずであるが、そのような発想があった形跡はない。同胞意識では埋め切れないこのような隔たりは日本政府にもあった。政府援助による肺外科委託手術や本格的な結核患者の本土移送に臨み、治療完了後に琉球に帰ることを条件づけたのはなぜだろうか。同胞であるならば、本人の意志によりそのまま本土に残るという選択肢を拒む理由はなかったのではないだろうか。

隔たりのない同胞意識とはどのようなものであろうか。春霞園から最初に全快退院した本土移送患者は第一陣の知念さんであった。退院した知念さんは、職業リハビリテーション施設を備えた県立宝塚厚生園に移り、そこで一か年半あまり経理事務の訓練を受けた。その後、彼女は兵庫出身の男性と結婚、結局、那覇には戻らなかった。沖縄県人会兵庫県本部は、「厚生省の意向がどうであろうと」、兵庫県民生部厚生課と折衝し知念さんを宝塚厚生園に「入所させることに成功した」と記している。沖縄協会兵庫県本部（一九六二年四月より沖縄県人会兵庫本部）は、患者自身では難しかったであろうこのような行政窓口との折衝に加え、会員から「春霞園療養者援助金」も募っていた。会員たちは、「春霞園を退院して社会復帰をめざす沖縄の同胞に、能う限りの援助をつづけた」という。本土在住の沖縄出身者である会員たちが、彼らと同じく本土在住の沖縄出身者になろうとする退院患者に示したこのような同胞意識には隔たりはなかったにちがいない。[80]

## 注

1 「沖縄から結核療養に日本へ　胸ふくらます一一人　三田〝春霞園〟に招かれ」『神戸新聞』一九六一年四月二八日。
2 照屋寛善『戦後沖縄の医療――私の歩んだ道から』メヂカルフレンド社、一九八七年、一五四―一六〇頁。
3 荒井他嘉司「外科手術」日本結核・非結核性抗酸菌症学会『結核』第八六巻第六号、二〇一一年、六二九頁。
4 金城清松「沖縄に於ける結核の歴史的論究」『飲水思源――金城清松遺稿集』若夏社、一九七七年、四八―五六頁。
5 山形操六・島尾忠男『沖縄県における結核予防対策等調査報告書』沖縄県総合保健協会、一九六六年、四頁。
6 ペスケラの結核対策のもうひとつの重要な特徴はBCGワクチン予防接種の不採用であるが、拙稿（泉水英計「米国施政下琉球の結核制圧事業――BCGをめぐる『同化と異化のはざまで』」坂野徹・塚原東吾（編）『帝国日本の科学思想史』勁草書房、二〇一八年、二九五―三四九頁）でこの問題をくわしく論じたので割愛した。
7 ただし、高等弁務官が琉球政府の行政主席を任命し、立法および司法判断について拒否権を持つ限定的な住民自治であった。琉球政府行政主席の公選は一九六八年にようやく実現した。
8 「六月一日　コザ結核病棟開所す」『琉球結核予防会新聞』第一四号、一九五五年六月一三日。
9 那覇病院建設計画により一九五六年に「コザ病院」と改称され、さらに一九六六年に具志川村に移転し中部病院と改称された。
10 久留幸男「沖縄の肺外科療法最初の一〇〇例の報告」『琉球結核予防会新聞』第三四号、一九五七年三月一日。
11 「肺を病む人々に福音　日本の療養所で今年六十名が委託治療を」『琉球結核予防会新聞』第四五号、一九五八年二月一五日。
12 日本の結核予防法との違いとして、治療を開業医に委託せず政府が一手に引き受けること、また、治療費は全額を政府が負担し日本のような患者の半額負担がないことがあげられる。
13 「ゆりかごから出た沖縄の結核対策」保健同人社（以下同じ）『保健同人』第一二巻第七号、一九五七年、四〇―四一頁。
14 「沖縄の療友よ!!早くいらっしゃい――東京で受入れ準備中」『保健同人』第一三巻第四号、一九五八年、三六頁。
15 同前、三六―三七頁。
16 前掲注11に同じ。
17 「ようこそ！　沖縄の患者さん」『保健同人』第一三巻第七号、一九五八年、三〇―三一頁。
18 「秩父宮妃殿下　川平事務局長と御懇談　本土での肺外科手術好調に進められる」『琉球結核予防会新聞』第四九号、一九五八年六月一五日。「秩父宮妃殿下保生園を御慰問　上原幸子さん等にお見舞いの御言葉」『琉球結核予防会新聞』第五〇号、一九五八年七月一五日。
19 「結核に苦しむ人々の為に　政府の根本的対策　療友会が陳情」『琉球結核予防新聞』第四九号、一九五八年六月一五日。
20 「肺外科患者第一陣　軽快退院で無事に帰郷」『琉球結核予防会新聞』一九五八年一一月一五日。
21 照屋、前掲注2に同じ、一四四―一四五頁。
22 「肺外科医の招聘中止　本土での治療もストップ」『沖縄タイムス』一九五九年三月九日。
23 「手術を待つ患者千余人　結核対策　本土援助がぜひ必要　マ公衛部長〝沖縄の医師で解決を〟」『沖縄タイムス』一九五九年三月一四日。

24　「沖縄の療友は棄てられた?」」『保健同人』第一四号第五号、一九五九年、三〇―三三頁。
25　「年に二六〇人の患者手術　肺外科医の招請も考える」『沖縄タイムス』一九五九年三月二七日。
26　前掲注24に同じ、三二、三三頁。
27　「けられた本土の医療援助　日赤医師派遣みあわす〝沖縄の医師で十分〟民政府が不許可」『沖縄タイムス』一九五九年三月一三日。
28　前掲注25に同じ。
29　池宮城秀正『琉球列島における公共部門の経済活動』同文舘出版、二〇〇九年、二〇三―二〇五頁。
30　同前、二〇〇―二〇二頁。
31　同前、二〇二―二〇三頁。
32　「無医村解消に協力　本土から医師派遣武見日本医師会長が約束」『沖縄タイムス』一九六〇年二月四日。
33　照屋、前掲注2に同じ、一六二―一七七頁。
34　赴任地は、伊是名島、伊平屋島、渡嘉敷島、座間味島、久米島比嘉、宮城島、国頭村安田、北大東島、南大東島、伊良部島佐良浜、多良間島、石垣島伊原間、西表島大原。後日医師二人が合流し第一期派遣医師は一五人であった。
35　派遣医師一五人分について、八人分を日本政府が負担し、七人分を琉球政府が負担した。沖縄県医師会会史編纂委員会編『沖縄県医師会史――終戦から祖国復帰まで』沖縄県医師会、二〇〇〇年、九〇頁。
36　池宮城、前掲注29に同じ、二〇七―二〇八頁。
37　琉球政府企画局予算部予算課『財政関係資料』、一九七一年、五一頁。
38　「結核患者に福音　国立療養所が受け入れ　四月から五十人　費用はいっさい無料　旅費だけ負担　工藤春霞園院長が斡旋」『沖縄タイムス』一九六一年二月二二日。
39　照屋、前掲注2に同じ、一八三―一八四頁。
40　沖縄県人会兵庫県本部三五年史編集委員会編『ここに榕樹あり――沖縄県人会兵庫県本部三五年史』沖縄県人会兵庫県本部、一九八二年に通史的記述がある。
41　照屋、前掲注2に同じ、一八七頁。
42　「兵庫へ結核治療に　きのう十一人第一陣たつ」『沖縄タイムス』一九六一年四月二六日。
43　「神戸に着いて立ち往生　春霞園への移送患者十一人」『神戸新聞』一九六一年四月二九日。「沖縄患者、愛の治療に横ヤリ　十一人自費入院に　厚生省・保護法適用に疑義」『神戸新聞』一九六一年五月一九日。
44　「厚生省が難色示す　春霞園への患者集団受入れ」『沖縄タイムス』一九六一年三月九日。
45　山城永盛『断層地帯――沖縄療友会小史』（上巻）沖縄県厚生事業協会、一九八六年、三八―四〇頁。
46　照屋、前掲注2に同じ、一九二頁。「ＵＳＣＡＲ」は、さきに触れたように琉球列島米国民政府の略称で、「ユースカ」と読んで日本語の会話でも使われた。

47 Memorandum for ACA/AA, CA "Admission of Ryukyuan Tuberculosis Patients to Japanese TB Sanatoria," 9 May 1961（国立国会図書館憲政資料室日本占領関係資料　USCAR 07321）.

48 照屋、前掲注2に同じ、一九八―一九九頁。山城、前掲注45に同じ、四九―五〇頁。

49 「琉球結核患者の本土受入れに関する了解事項」"Understanding Concerning Acceptance of Ryukyuan Tuberculosis Patients in Japan"（国立国会図書館憲政資料室日本占領関係資料　USCAR 07321）.

50 照屋、前掲注2に同じ、二〇七頁。

51 沖縄県人会兵庫県本部三五年史編集委員会編、前掲注40に同じ、二六九―二七〇頁。

52 沖縄協会兵庫県本部は、復帰運動における「沖縄県」という名称の選好に応じて一九六二年度より沖縄県人会兵庫本部と改称した。さらに、一九六七年度より沖縄県人会兵庫県本部に改称し現在に至る（沖縄県人会兵庫県本部三五年史編集委員会編、前掲注40に同じ、三八九頁）。

53 沖縄県人会兵庫県本部三五年史編集委員会編、前掲注40に同じ、二七一―二七二頁。

54 「沖縄療友会の沿革（療友会小史）」琉球政府厚生局公衆衛生部（監修）『沖縄の結核――沖縄療友会創立一〇周年記念誌』沖縄療友会、一九六七年、三五頁。

55 照屋、前掲注2に同じ、一八四頁。

56 沖縄県人会兵庫県本部三五年史編集委員会編、前掲注40に同じ、二六五頁。

57 工藤敏夫「沖縄療友会創立十五周年を祝して」琉球政府厚生局公衆衛生部（監修）『沖縄の結核・一九七一年――沖縄療友会創立一五周年記念誌』沖縄療友会、一九七二年、九八頁。

58 同前、九八頁。

59 一九六一年四月二六日に那覇を出た一行一一人のほかに別経路ですでに二人の琉球人患者が春霞園に入院していた。一二月に一人が全快退院したが、別経路でさらに四人の琉球人患者が入院したため一六人となった。翌年四月に三人が全快退院したので、一三人のはずであるが一二人なのは療養中の死亡者があったためだろうか（沖縄県人会兵庫県本部三五年史編集委員会編、前掲注40に同じ、二七二―二七三頁。工藤、前掲注57に同じ、九八頁）。

60 島村喜久治『療養所』保健同人社、一九五六年、一九〇頁。

61 青木純一「日本における結核療養所の歴史と時期区分に関する考察」専修大学社会科学研究所『社会科学年報』第五〇号、二〇一六年、三―二二頁。

62 国立療養所史研究会編『国立療養所史（総括編）』厚生省医務局国立療養所課、一九七五年、三八二―三八三頁。

63 同前、三八四―三八七頁。

64 同前、三九一頁。

65 照屋、前掲注2に同じ、一八四、一九二頁。

66 沖縄県人会兵庫県本部三五年史編集委員会編、前掲注40に同じ、二七一頁。

67 同前、二六五頁。

68 GOJ Economic Assistance Program, FY 1962（国立国会図書館憲政資料室日本占領関係資料　USCAR 19823).

69 Foreign Economic Assistance Files, 1966: GOJ JFY 1965 Economic Aid to the Ryukyus（国立国会図書館憲政資料室日本占領関係資料　USCAR 17630-1).

70 犀川一夫「沖縄のらい政策について」日本らい学会『日本らい学会雑誌』第五四巻第四号、一九八五年、一七六―一八〇頁。

71 宇内一文「ハンセン病患者のための高等学校の形成過程」日本教育学会『教育学研究』第七四巻第二号、二四〇―二五〇頁、二〇〇七年。

72 金城幸子『ハンセン病だった私は幸せ――子どもたちに語る半生、そして沖縄のハンセン病』ボーダーインク、二〇〇七年、七〇―八七頁。

73 伊波敏男『花に逢はん』日本放送出版協会、一九九七年、七八―一二七頁。

74 高田善明「あの頃」岡山県立邑久高等学校新良田教室閉校記念事業実行委員会編『閉校記念誌――新良田』岡山県立邑久高等学校新良田教室閉校記念事業実行委員会、一九八七年、一一九―一二〇頁。

75 Freimuth to DCA "Verbal Request from JGLO for Change to USCAR Position on Outline of Acceptance in Japan of Ryukyuan Hansen's Disease Patients," 28 Dec 1965（国立国会図書館憲政資料室日本占領関係資料　USCAR 07865-07868). 本章コラムも参照。

76 高田、前掲注74に同じ、一一九頁。

77 岡山県立邑久高等学校新良田教室閉校記念事業実行委員会編「期別、受験者と合格者数」『閉校記念誌――新良田』岡山県立邑久高等学校新良田教室閉校記念事業実行委員会、一九八七年、二一一頁。

78 高田は「沖縄からの受入れは余り見込めず、台湾朝鮮半島の旧同胞子のそれは絶望的」と記している（高田、前掲注74に同じ、一二〇頁）。

79 同前、一一九頁。

80 沖縄県人会兵庫県本部三五年史編集委員会編、前掲注40に同じ、二七二頁。「知念美津子さん　晴れて春霞園退院第一号」沖縄協会兵庫県本部『沖縄協会だより』第七号、一九六一年一二月一〇日。

本稿は、JSPS科研費 JP20H01243の助成を受けたものである。本稿の一部は "Postwar Okinawa and TB Control Caught between the United States and Japan" として Association for Asian Studies Annual Conference 2022（Honolulu）に発表した。執筆にあたっては、兵庫沖縄協会の具志堅和男氏、兵庫中央病院の志水洋一氏、沖縄コロニーの原京子氏、長島愛生園歴史館の田村朋久氏、神奈川大学の高江洲昌哉氏からご教示と資料の提供を受けた。ここに記し感謝の意を表す。

一九五八年、名護に教職員結核療養所を建設する計画があった。病欠補償がなかったので喀血しても教壇に立つ教員もいて、児童・生徒と日々接触する教員の結核対策は懸案であった。そのようなときに、結核対策に使えるある寄附金が入ったので六〇床の施設をつくる計画が持ち上がったのである。しかし、教職員共済会が管理維持費を保証できず、まぼろしの結核療養所でおわってしまった。それでも、興味深いのは、寄附金の出所は、もうひとつのまぼろしの結核療養所であったことである。戦中に数か月間存在した日本医療団那覇奨健寮である。

一九四二年、強壮な兵士の確保を目的に国民医療法が成立、新設の日本医療団に全国の公立結核療養所を移管し、感染源となる患者の完全収容を目指した。このとき、病床不足を補うために旅館や遊郭、工員寮を転用したのが奨健寮である。那覇奨健寮は、壺屋町の郡是製糸蚕種工場を改築し一九四四年八月に開設、医師二人を含む従業員三四人で一五〇床をまわす本格的な施設であった。さらに、日本医療団は、泊町上之屋の高台に一万八〇〇〇坪を購入して一〇〇〇床以上の大型施設に着工したという話も伝わる。附近には、戦前沖縄唯一の結核療養所、金城清松医師の経営する白山療養園があり、一大療養センターになっていたはずである。同年一〇月の空襲で診療所を失った千原繁子医師が、月給一〇〇円で奨健寮に雇われたと書き残しているのは、壺屋の奨健寮だとおもわれるが、詳細はわからない。すべては沖縄戦で灰燼に帰した。

一九四七年に日本医療団は解散し、療養所や奨健寮は厚生省に移管された。すでに陸海軍省が廃止され、軍の病院や療養所が厚生省に移管されていた。敗戦が生んだ国立療養所は、一九五〇年代に全盛期を迎える。地上戦と行政分離で病床不足に陥った沖縄とは対照的であった。その日本医療団の清算手続きに最後まで残ったのが、文字通り跡形もなく消えた那覇奨健寮であった。

調査は、新聞広告を使った元職員探しからはじめられ、壺屋の元奨健寮敷地を確認することができた。一九五六年にこれを払い下げてできた三〇〇万円が教職員共済会に寄付されて、名護の療養所の建設資金となるはずであった。日本医療団には、ほかに真和志診療所建設予定地という不動産もあり、米軍が接収中であったので、将来医療関係に使うという約束で南方同胞援護会に売却された。これらの清算余剰金は最終的に那覇病院の整備援助金として使用されたという。紆余曲折の末に沖縄医療への投資が沖縄医療へ戻ったことになるが、それはあまりにも遠い回り道であった。

## コラム　まぼろしの結核療養所——那覇奨健寮

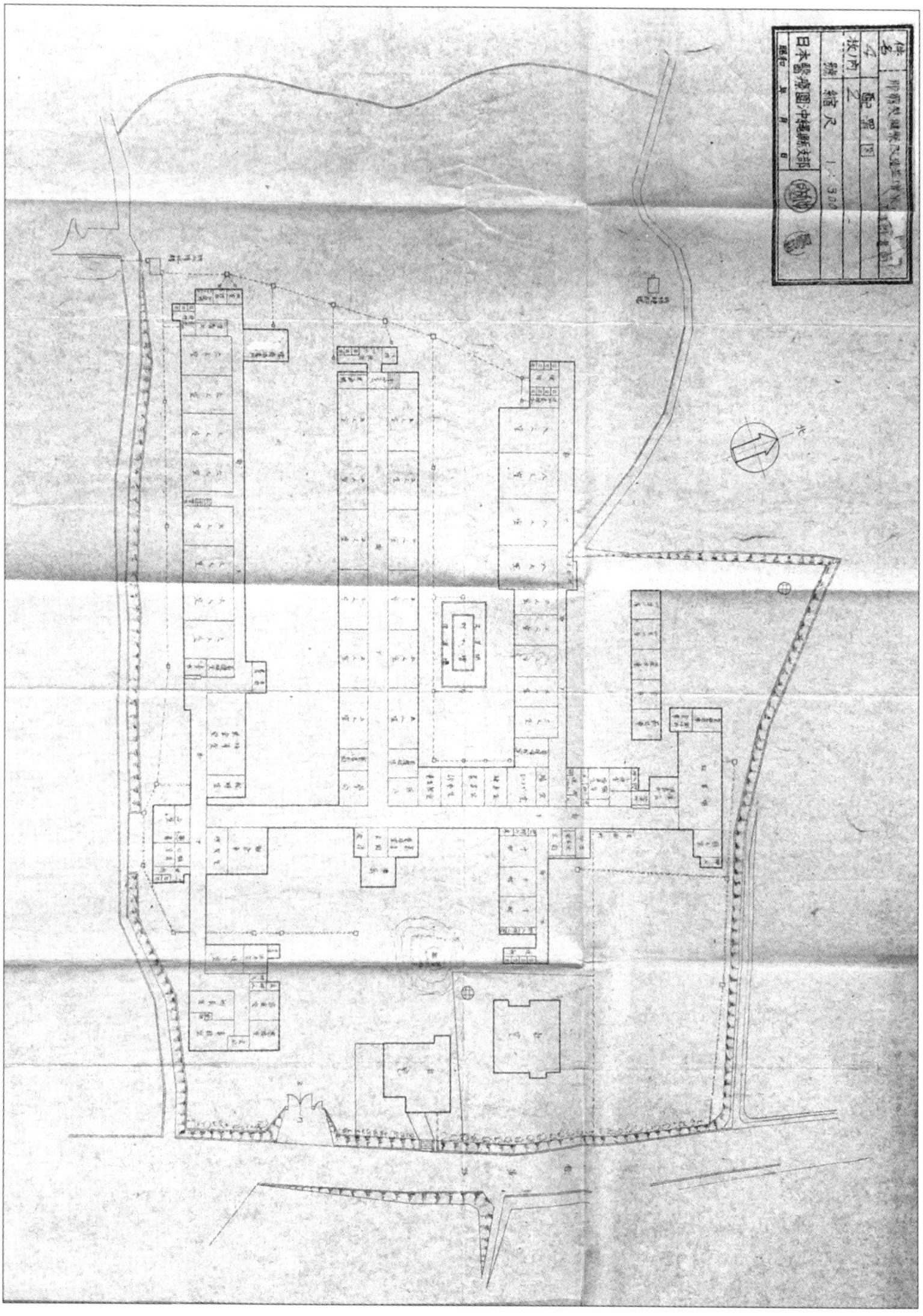

那覇奨健寮平面図
（厚生省衛生局医務課「那覇奨健寮建設許可申請の件」、1944年6月13日、国立公文書館）

# 第2章　戦争体験を語り継ぐ視座
## ――児童文学は「ひめゆり」の物語をどのように伝えてきたか

齋木喜美子

## はじめに

沖縄戦で多くの犠牲を出したひめゆり学徒隊の戦争体験は、戦後さまざまなメディアによって全国的に広まっていった。そのため「ひめゆり」の物語は、多くの日本人にとって沖縄戦の悲惨さを知る契機になったと思う。その一方で犠牲者が一〇代半ばの女学生に集中していたため、「乙女の犠牲」という悲劇性のみが強調され、殉国美談の話材となってしまった面は否めない。沖縄戦ではほかにも学徒隊や防衛隊などの戦時動員があったが、なぜひめゆり学徒隊の戦争体験は注目を浴び、悲劇の物語として流布していったのだろうか。

筆者がまず着目したのは、「ひめゆり」という言葉の持つイメージであった。そもそも、誰もが自然に「ひめゆり」という言葉から「清純で可憐な乙女」像を想起するのはなぜなのか、もしかしたら「ひめゆり」という文化コードが、戦争体験を美談に変換させてしまう装置になっていたのではないか、と考えたからである。

そこで筆者は、戦前女学生たちに人気のあった少女雑誌を取り上げ、少女イメージの形成とその影響力について考察した。前書[1]では、雑誌によって「清純な少女」像がつくりだされ、それを象徴するものとして「白百合の花」が、女学生文化に定着していく過程をたどった。その結果わかったことは、戦況が悪化するにつれて「清純な少女」像が、「戦う日本の少女」像へと変容し、戦後は再び少女雑誌を介して清純で純粋な存在として少女たちがとらえ直されていた、ということだった。その読み替えが「乙女の悲劇」という新たな殉国美談を創出する土壌となっていたのである。

しかしその後、当初大人の読み物として登場したはずの「ひめゆり」物語が、いつ、どのようにして児童文学に定着していったのか、その中身はどういうものだったのか、という新たな疑問も浮かび上がってきた。まずは「ひめゆり」物語の書誌と実態を整理してみる必要があるだろう。次に、作品に関連して本土の児童文学者たちが沖縄にどのようなまなざしを向け、どう関わってきたのかを明らかにしたいと思う。また、少女雑誌における「ひめゆり」物語のその後の展開も気になっている点である。

戦後七七年もの歳月が流れた現在、実際に戦場となった場に暮らす大人たちにさえ戦争体験はなく、戦争のリアリティはイメージしにくくなった。その一方で沖縄戦の体験者と非体験者、本土と沖縄、大人と子どもの戦争認識に関する温度差など、さまざまな形で存在する「隔て《フィダティ》」は日々大きくなっている。そこで本章では、引き続き「ひめゆり」物語を手がかりとしながら、児童文学の歴史的展開過程を通してこれらの「隔て《フィダティ》」を可視化するとともに、戦争体験を語り伝える視座について検討してみたい。

## 一　戦後児童文学の歩みと「ひめゆり」物語の登場

児童文学界の沖縄へのまなざし、「ひめゆり」物語の登場と作品内容の変化を考察していくにあたって、大きな転機となるのはなんといっても沖縄の施政権返還の年、一九七二年前後である。このころから書籍の出版、流通だけでなく、本土在住の児童文学者との交流が盛んになっていく。また、それまで児童書出版といえば本土中心であったものが沖縄の内からの発信が増え、戦争体験を取材した作品も本格化してくる。そこで本章ではとりわけ復帰前後の時期を焦点化し、沖縄の社会的背景の中で作品を具体的にみていきたい。また本土の児童文学者との関わりについては、児童文学者協会（現在の日本児童文学者協会。以下「児文協」と表記）の機関誌『日本児童文学』を基礎資料とし、現代児童文学のあゆみを参照しながら読み解いていく。

なお考察に先立って、戦後から現在までに出版された「ひめゆり」物語の書誌 資料1 を章末に示しておきたい。ここには必ずしも児童向けと限定されないものも含まれているが、おおむね児童から「ヤングアダルト」といわれるティーンエイジャーまでの読者を想定した作品を取り上げている。[2]

## （一）戦後児童文学のあゆみ

戦後初期は物資の不足もあって、児童文学は「仙花紙（くず紙を漉き返して作った粗悪な洋紙）」の時代といわれている。当時は活字に飢えた大衆のニーズに応えるべく、雨後の筍のように小規模出版社が乱立し、翻案ものなどの簡易な読み物が出回っていた。混沌とした時代だったし、戦中の児童文学者の活動母体は戦後次々と解散の憂き目をみたため、彼らは新たに児童文学活動の組織をつくる必要に迫られていた。そこで一九四六年三月、新しい児童文学の創造を掲げて設立されたのが児文協であった。[3] また良質な読み物を子どもたちに届けたいという機運は、のちに「良心的」児童雑誌と呼ばれた雑誌の刊行を活発化させた。[4] しかし「良心的」児童雑誌は一九五〇年代の初頭にはすべて廃刊となり、大衆的で子どもの興味をそそるような娯楽雑誌が再び台頭していくことになる。その背景には占領政策の一環として実施されていた出版物の検閲、「逆コース」といわれる社会的荒廃現象、朝鮮戦争の勃発などさまざまな理由があった。その後、創作児童文学の低迷期は一〇年ほども続いたため、この状況は「慢性的不況の創作児童文学」と呼ばれている。[5]

だがこうした困難な状況のおかげで、内部における創作方法の弱さこそ克服すべきだとする議論が盛り上がったこともまた事実である。この時代の児童文学史上特筆すべき出来事として、早稲田大学童話会の「少年文学宣言」[6] があげられる。近代的な「小説精神」を中核とした新しい児童文学を切り拓こうとする学生たちの主張は、さまざまな論争を生みながらも衝撃をもって迎えられた。この宣言の影響としてもっとも顕著だったのは、詩的・象徴的な童話から、散文的・小説的な児童文学への転換がはかられたことである。「戦争」という社会的事件を伝えるためには、散文的な言葉は必須である。現代児童文学が成立するために、この方法論を手に入れた意味は大きかったといえよう。[7]

一九五〇年代末には短編中心の児童文学ではない、散文体の長編小説が続々と登場した。[8]またこの時代は評論や同人誌の活動も活発化し、[9]現代児童文学はようやく不振・停滞を乗り越え、新たな転換期を迎えたのであった。

## (二) 大人と子どもの戦争認識の「隔《フィダティ》て」

創作児童文学が不振だったとはいえ、終戦後間もない時期に戦争に関わる作品がなかったわけではない。なぜなら終戦直後には、とくに戦争を問い直す意識をもたなくとも、生活のリアリズムを描けばその背景に必ず戦争の問題が立ちあらわれ、自然と戦争の影を描くことになったからである。[10]だがこうした作品は「戦争について知りたい」という子どもたちの疑問に正面から答えるものではなかった。当時子どもの本の分野で戦争について語った作品はなく、実体験を書き記したのは子どもたちの作文集であったと言われている。[11]一方で、児童文学専門の作家たちによる、戦争にストレートにつながる作品は非常に少なかった。当時の児童文学者たちが戦争を描けなかった理由として長谷川潮は、以下の六点をあげている。[12]

① 戦争は、児童文学の素材として不適当なものだと思っていた。
② かれらの児童文学の方法では、戦争を題材とすることがむずかしかった。
③ かれらの人生と文学にとって、戦争がのっぴきならないものとしては存在していなかった。
④ 戦争についての歴史的な認識が甘いか、あるいは不足していた。
⑤ 戦争が子どもに与えた影響の大きさ、つまり戦争への子どもの関心の強さに気がつかなかった。

⑥　脛に傷があったりして、戦争期からは目を背けたかった。

前述の③から⑤について長谷川は、大人と子どもでは敗戦による精神的打撃の大きさが違っていたことを強調している。とりわけ、子どもたちにとって戦争は人生の「一部分」ではなく「総て」だったことに大人たちが気づいていなかったという指摘は、非常に重い。本来は、戦争中に戦意高揚ものの執筆に加担した大人の児童文学者こそ、自身の戦争責任を自覚し説明責任を果たすべきだった。子どもたちの「自分たちが巻き込まれた戦争とは何だったのか」、「どうして戦争が起きたのか」という疑問に真摯に向き合い、答えねばならなかったのだと思う。この戦争認識の落差は、子どもと大人のあいだに横たわる隔たりでもあった。

### (三) 沖縄への関心と「ひめゆり」物語

石野径一郎の「ひめゆりの塔」が少女雑誌に登場してブームを巻き起こしていくのは、ちょうど「良心的」児童雑誌が低迷しはじめ、児童文学が冬の時代を迎える時期にあたる。初出の対象年齢が高めだったとはいえ、石野は児童文学者からもっと注目されてもよかったのではないか。確かに「ひめゆりの塔」は史実を扱うには資料も乏しく、登場人物が類型的に描かれるなど小説としての弱さがあったことは否めない。[13] しかし石野は沖縄の悲劇を悼むだけでなく、軍国主義教育に対する批判的視座も持ち合わせていた。そしてほとんどの作品が少女の「自決」や「犠牲」を描いているのに対して、「再生」という結末を書き加えていた。戦友の弔いと贖罪という、淡いヒューマニズムでしか戦争を語れなかった『ビルマの竪琴』にはなかった、沖縄人としての当事者性の視点はあったのである。だがこの作品は肝心の主題ではなく作品のモデルに世間の注目が集まった[14]ため、多くの翻案ものと「ひめゆりブーム」の火付け役として役目を終えてしまった。その後の「ひめゆり」物語の創造において惜しまれることである。[15]

一世を風靡したといっても過言ではない「ひめゆりの塔」だが、児文協の機関誌『日本児童文学』では石野の作品をまったく話題にしていない。一九五八年八月、前作では叶わなかった沖縄での聞き取り調査をもとに、石野

図2-1　石野径一郎「ひめゆり隊の最期」
（出典）『中学一年コース』学習研究社、1958年、199-213頁

は再び「ひめゆり隊の最期」（作品番号6）を学年別雑誌に掲載した（図2-1）。しかしこの作品についても児文協からの反応はなく、併せて発表されていた「健児の魂よ永遠に」（『中学二年コース』一九五八年）にもまったく言及はない。これは、『ビルマの竪琴』がいまでも戦後初期の戦争児童文学の記念碑的作品として何度も取り上げられることと対照をなしている。同じ時代に注目され、のちに映画にもなって全国的に広まったという共通点があるにもかかわらず、この違いは何なのだろうか。筆者は児文協が石野の「ひめゆりの塔」に注目しなかった理由として、次の二点があげられるのではないかと推察している。

まず第一に、芸術的で民主主義的な児童文学を目指していた児童文学者にとって、大衆的で読者層もヤングアダルトを想定していた『令女界』という雑誌そのものが、関心の対象外であったのではないか。彼らは、創作児童文学の不振・停滞の要因を大衆的な雑誌や俗悪な商業主義、社会的政治的状況にみていた。だから「良心的」児童雑誌であった『赤とんぼ』の連載から誕生した『ビルマの竪琴』と、『令女界』連載後に大人向けに単行本化され、その後学年別雑誌などに再掲されていく「ひめゆりの塔」では、はじめから扱いが違ったのだと思う。

第二に、この時代には沖縄に対する関心の弱さがあったと考えられる。終戦後、米国統治下におかれた沖縄については情報そのものが乏しかった。本土との行き来も自由ではなかったから、沖縄はほぼ「外地」といった感覚であったろう。また戦争に関わる児童文学の素材として、本土の人々の関心は広島・長崎の原爆、本土空襲、学童疎開、外地からの引揚などにあった。つまり「わたしたち日本人」の戦争体験と戦争被害に目が向きがちであった。『ビルマの竪琴』でビルマ人の立場が無視されているように、多くの日本人にとって沖縄への関心は薄かったのではないか。

## コラム　反戦文学の名著（?）竹山道雄の『ビルマの竪琴』（中央公論社、1948年）

初出は一九四七年三月から四八年二月にかけて『赤とんぼ』に連載された長編児童文学。戦場を舞台にしているが激しい戦闘の描写はなく、日本軍の敗戦色漂う時期から彼らの捕虜生活、復員までを描いている。だが、戦死者を手厚く弔うイギリス兵のヒューマニズムに心打たれた水島だけは、ビルマで亡くなった日本兵の御霊を弔う決意をし、僧侶になってビルマに留まる。戦友たちは何とか水島を翻意させようと説得を試みるも彼の決意は変わらず、ついに別れの日が訪れる。

竹山は児童文学専門の作家ではなく、ほかに子ども本としては『光と愛の戦士』（新潮社、一九四二年）がある。『ビルマの竪琴』は壷井栄の『二十四の瞳』（光文社、一九五二年）と並ぶ反戦文学の名著とされながらも、歌で休戦が成り立つ安易な筋立てや、ビルマやビルマ人の描かれ方にあるリアリティの欠如、差別性などを批判する評論も多々みられる。この相反する評価は、侵略戦争に対する責任の自覚がないまま、個人の精神性の問題でのみ戦争を描いた作品の弱さにある。「ひめゆりの塔」のような難解さがなく、冒険的要素もあるためか子どもに限らず多くの読者を得た。だが、それは当時これ以上の創作文学が少なかったことの裏返しではないだろうか。

参考文献　馬場公彦『『ビルマの竪琴』をめぐる戦後史』法政大学出版局、二〇〇四年。

資料1からもわかるように、五〇年代末ごろになると「ひめゆり」を素材とした歴史読み物が続々と出版されている。だがほとんどが少年少女向け日本史シリーズの一部に、短編で掲載されたものであった。具体的に作品の描写を確認してみよう（以下、作品の出典は資料1の作品番号で示す）。

たとえば「……女学生たちは進んで特志看護婦となり、戦場できずついた人をすくおうとしたのです」（作品番号7）、「この戦いで、沖縄の人たちはひどい損害をうけ、一五万人の人が死にました。……とくにかわいそうだったのは、『ひめゆり部隊』といわれた女学生たちです」（作品番号4）といった書きぶりだと、ひめゆり学徒隊が自由意思で戦闘に参加したと解釈してしまったり、他の多くの被害住民への視点が欠落する恐れがある。肝心の「ひどい損害」という表現にしても具体性はなく、戦場を数字で説明的になぞったにすぎない。児文協が刊行した『少年少女日本史物語』でも、「このむざんな中を……二百人たらずの生徒たちが、臨時の看護婦となってはたらいていたのです」（作品番号3）と説明されているだけで動員の背景は曖昧で歴史認識として浅く、表面的な解説にとどまっていることは否めない。いずれにせよこの時期の作品全体として、沖縄戦への追究は乏しかったといってよいだろう。[16]

## 二　「現代児童文学」成立と沖縄へのまなざし

### （一）創作児童文学の活況と読書運動の高まり

一九五〇年代を現代児童文学という畑に「種をまき、耕し、肥料を与えた時期」にたとえるならば、創作と評論活動が活発化していった六〇年代は、「実りと収穫の時期」といえるだろう。この時期の実りに影響を与えたのは、岩波書店と福音館書店の本づくりだった。岩波書店は五〇年代、〈岩波少年文庫〉、〈岩波の子どもの本〉シリーズをスタートさせ、外国の優れた児童書や絵本を完訳で出版していた。そして両社は六〇年代も引き続き子どもたちに良質な本と出会う喜びを与え、児童文学者には海外作品への眼を開かせ、創作への糧となっていた。[17]

児童文学では、五〇年代の評論を牽引した古田足日が精力的に創作の幅を広げていたし、ほかにも子どもの視点に立った楽しい作品が次々に誕生していた。[18]こうした作品誕生の背景に、研究者、編集者、評論家、作家、翻訳者、図書館員など、ひとりでいくつかの役割を担った人々が関わっていたことはこの時代の特徴と言えよう。現代児童文学の成立と絵本の発展にはこうした理論と実践の往還があったのである。

収穫はそれだけではなかった。一九六〇年代の読書運動の高まりは、児童文学を取り巻く環境として特筆すべきことである。優れた絵本や児童書の創作が、それを子どもに届けるための場を生み出そうとする運動につながるのは、必然的なことであったといえるだろう。

まず一九六〇年に、椋鳩十が鹿児島で「母と子の二〇分間読書」を提唱している。この運動が全国に家庭文庫、地域文庫の活動を展開させる契機となり、一九六七年の「日本子どもの本研究会」発足につながった。また同年、アメリカで児童図書館員として学んだ松岡享子は、東京の自宅で家庭文庫を開いた。松岡が石井桃子らとともに財団法人東京子ども図書館を設立するのは七〇年代に入ってからだが、すでにこの時代の児童文学者たちが、理論だけでなく創作の現場や読書運動にも活動の場を広げていたことは興味深い。[19] また高度経済成長に裏打ちされた六〇年代日本社会の好景気は、出版社の名作文学全集、学習百科事典などの企画を可能にし、書き下ろしの長編児童文学の商品化を促していた。[20]

## （二）高度経済成長下における「戦争児童文学」の課題

現代児童文学が発展期を迎えた一九六〇年代、「戦争児童文学」という言葉が誕生し、ジャンルとして定着していったと言われている。だが同時に、六〇年代は子どもにとって激動の時代でもあり、児童文学も反戦平和への道のりを順調にあゆんでいたわけではなかった。高度経済成長は児童文学を商品化の波に巻き込み、児童文学創造が活性化する一方で、児童文化の荒廃現象もみられた。こうした状況を顕著に表していたのは、少年週刊誌による戦記もののブームであった。

出版界では戦争ものが確固たる市場を獲得しはじめ、好戦的なもの、スーパーヒーロー的なもの、時代を逆転させるような漫画が氾濫するようになっていた。[21] 雑誌には「大空の英雄」「あゝ特別攻撃隊」といった戦争を英雄的に取り扱ったもの、「これが陣地だ」「これが歩兵攻撃法だ」というように戦争ごっこに迫真力を加えるようなものが図解つきで掲載され、テレビの戦争もの、戦争マンガ、兵器のプラモデルも流行った。[22] さらに調べてみると、これらが絵本化されてより幼い子ども向けに提供されるケースも散見された。[23] 戦後わずか二〇年足らずで戦争ははるか昔の話となり、戦闘機や軍艦は子どもたちにとって「かっこいい」ものとして認識されていたのである。

戦記ものではジュニア版『太平洋戦史』（集英社、一九六二年）が物議を醸していた。このシリーズは好調な売れ行きを示していたが、戦争の真実を正しく伝えたものとは受け止められていなかった。刊行まもなく、第一巻『開戦百日の栄光』と、第二巻『戦火もゆる太平洋』は、「日本軍の敗北を不運、不幸といった形容で叙述している客観性の稀薄さ」、「歪められた史観」などが問題となり、戦史の底流に潜む民族の自負ともいうべき思想が「反動ナショナリズムや愛国心と結びつきやすい」として批判を浴びた。[24]

第四巻所収の「沖縄の戦い」に「ひめゆり」の記述があるので、具体的に見てみよう（作品番号10）。これにはまず事実誤認がある。たとえば「ひめゆり部隊は県下七校の各高等女学校から動員された五百五十名」を総称していると説明され、六月一八日の解散命令には「かの女たちはその日、従軍看護婦の服をぬいで、女学生服にきがえ、しめやかに解散式をおこなった」、「ひめゆり部隊の戦死者は二百五十余名にのぼっている。北に行った者は大半が助かり、南へ行った者は、ほとんど戦死した」と記されている。「ひめゆり部隊」という説明の間違いに加え省略も多いため、「従軍看護婦の服」なる正式の着衣があり、解散命令にも混乱なく粛々と従っているさまを想像してしまう描写である。また阿嘉島では、国民学校の生徒が「竹槍をもってアメリカ軍に切りこみ、全員玉砕している」、女学生たちは「文字どおりひめゆりのように、はかなくちってしまった」と記されている。ほかにも「なみだなしでは見られるものではなかった」とか「じつに壮烈」「あまりのいたましさ」等、講談調の美辞麗句を連ねた表現からは、戦場の悲惨さよりも純真で健気な少年少女像、雄々しく戦って散っていった姿しか伝わってこない。

このような時代を象徴する事件として特筆されるのは、一九六八年のいわゆる「『あかつき戦闘隊』大懸賞問題」[25]である。これは、『週刊少年サンデー』が連載漫画「あかつき戦闘隊」を記念する懸賞品に、旧日本海軍の制服はじめナチスの制服や各国の軍装品モデルまで掲載したことで、雑誌への批判が集まった事件であった。懸賞品の撤回を求める抗議活動は、児文協だけでなく他団体やマスコミも巻き込んだ大事件へと発展した。しかし小学館側は、懸賞品は「歴史的コレクション」であり、「ただちに戦争推進に結びつくものではない」との主張を繰り返し、物別れに終わった。それどころか、その後も小学館は月刊の『別冊少年サンデー』で特集を組み、戦闘機内部の精密図解、戦闘クイズに加え、懸賞で飛行機切手や戦争切手などを提供していた（図2-2）。

解決に至らなかったがゆえにこの問題は、雑誌研究と調査の重要性、戦争の真実を描いた戦記の必要性、そして現代児童文学作品の質の向上というさまざまな課題を児童文学界に突き付けた事件として歴史に刻まれた。同時

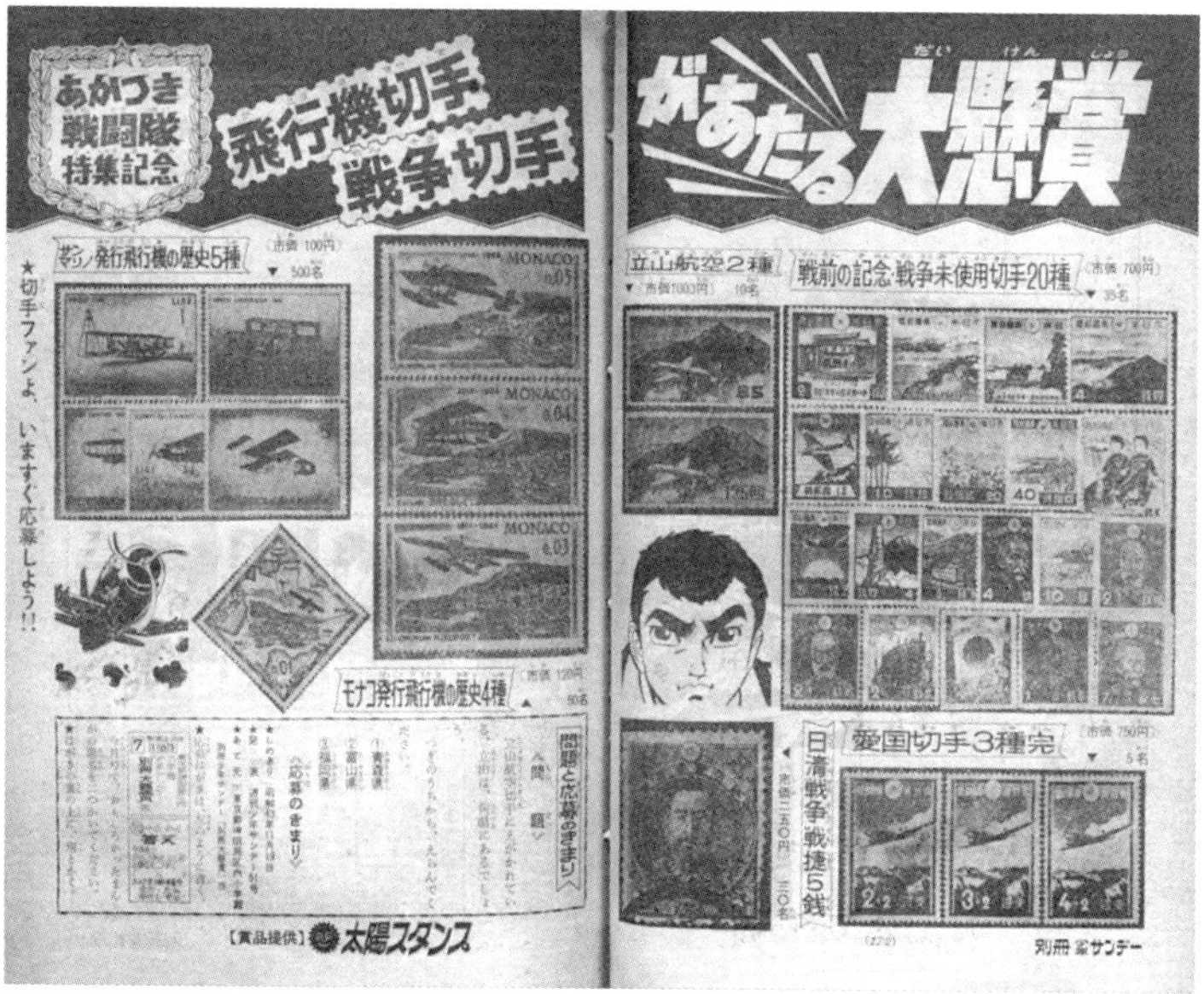


**図2-2　あかつき戦闘隊大懸賞**

（出典）『別冊少年サンデー』5（11）小学館、1968年、172-173頁

に、当時の児童文学には戦争の真実を伝え、子どもたちを惹きつける作品がほとんどなかったことも露呈させたのであった。六〇年代の児童文学にとって、「戦争」が書かなければならない大きな課題として認識され、書き手の社会的責任への自覚が強く意識されるようになったことには、こうした背景があったのである。

### （三）沖縄への関心の萌芽と沖縄の児童文化状況

児文協が沖縄に関心を寄せ始めるのは六〇年代半ばころからである。社会的背景には児童文化の荒廃だけでなく、日米安全保障条約改正に対する危機感があった。[26] 子どもたちに「戦争」をどう語ればよいのか。一九六五年二月、米軍がベトナム北爆を開始すると、緊張は高まった。平和教育に熱心だった教師たちの後押しもあり、「戦争児童文学」への関心がますます強まる中で一九六六年八月、児文協主催の合宿研究会が開催された折には、「戦争児童文学の問題点」が俎上に上った。[27]

一方沖縄に目を転じてみると、このころの沖縄は長い米国統治のひずみによって興ってきた大衆運動がいよいよ抑えられなくなり、アメリカの対沖縄政策が破綻に追い込まれていく時期であった。一九六七年二月には教職員の争議行為の制限などを含む「地方教育区公務員法」と「教育公務員特例法」（教公二法）が住民の激しい反対運動によって廃案となり、翌六八年二月にはアンガー高等弁務官が琉球政府立法院で主席公選実施を発表した。これを受けた一一月の公選選挙では、革新統一候補の屋良朝苗が当選を果たしている。[28] こうした沖縄の熱気は当然本土の児童文学者にも伝わっていた。呼応するように一九六七年五月、児文協は「ベトナムの子どもを支援する集い」を開催し、翌六八年には機関誌で「特集＝ベトナム・沖縄問題と日本の児童文学者」が組まれた。ここには、かねてより沖縄で児童文化活動を展開していた加来宣幸と、琉球大学児童文化研究会の松田米雄が随筆を掲載している。だが、沖縄の現状が厳しいことと沖縄とベトナムについて書くことの決意表明がなされているだけで、とくに共通理解が深まっているわけではない。[29] 特集にあわせて募集していた創作入選作に山口勇子の「おばあちゃんの旅行くじ」、山下清三の詩「沖縄」（第一四巻第九号、一九六八年九月）などが掲載されてはいるものの、その前後の記事に具体的な作品創造につながる記述はみられなかった。[30] 体験に基づく戦争児童文学が主流であった時代、多くの児童文学者にとって沖縄問題への関心の萌芽はあっても、まだ沖縄戦は書きあぐねる素材だったのであろう。[31]

またこの時期は、沖縄の内部からも戦争を取り扱った児童文学が誕生することはなかった。ひとつの要因として、沖縄では児童文学の創造以前にまず作品そのものの入手さえ困難だったことがあげられる。当時沖縄の書籍供給はＬＣ（Letter of Credit）による貿易によって取引されていた。書籍は送料と海上保険料を上乗せして仕入れねばならず、しかも返本手続きも煩瑣で別途費用もかかった。[32]「注文してから２・３ケ月後にやっと届き、しかも定価に30％が加算されていた」[33] というから苦労がしのばれる。現代児童文学が「実りと収穫の時期」を迎え、子どもの読書運動が全国的に活性化していた時期に、沖縄はその恩恵さえ受けることができなかったのである。そしてもうひとつの要因が「出版統制」である。一九四五年四月、沖縄の占領統治が始動すると、「米国海軍軍政府布告第八号」（一般警察及安全に関する規定）の第三条「新聞及び印刷物に関する規定」において軍政府の許可なき出版物の禁止が明文化された。[34] 長い米国統治期間に幾度かの布告、布令、指令、命令等が修正あるいは廃止されたりしたもののの、この出版物の許可制は長く続いた。この間に大学のサークル誌や文学雑誌、政党の機関誌などさまざまな発

図2-4　講演会での松居直氏
（出典）『琉球新報』1969 年 1 月 27 日夕刊、2 面

図2-3　「子どもによい本を」展示会
（出典）『琉球新報』1969 年 1 月 25 日夕刊、3 面

行物が厳しく制限され、発行停止、発行不許可処分の憂き目をみた。[35]高等弁務官布令第五六号「高等弁務官法令の廃止について」（一九六四年一〇月一四日）によって実質的に出版統制がなくなるのは、一九六五年まで待たねばならなかった。[36] だがそんな時代だったからこそ、福音館書店の松居直と沖縄との関わりについてここで紹介しておきたい。

まだ沖縄に読書運動がほとんどなかった一九六八年、琉球新報記者の近田洋一は「子どもによい本をすすめる会」を立ち上げ、自宅で家庭文庫を開いていた。ささやかな活動ではあったが、沖縄の子どもたちにもよい絵本を届けたいという近田の熱意に応えて、支援の手を差し伸べたのが松居であった。翌年一月には琉球新報社に三〇〇点の絵本を展示し（図2-3、2-4）、講演会を実施したのを機に『こどものとも』や『母の友』が沖縄でも購読できるようになった。[37] 福音館書店から派遣された講師が講演会を開いたり、本土の児童文化活動に影響を受けた人形劇団が誕生して活動を開始するなど、徐々に子どもの文化環境が整っていった。

また六〇年代には、ひめゆり同窓会の努力によって、ひめゆりの記録が継承されてきたことにも注意を払わなくてはならない。第一回のひめゆり同窓会総会が開催されてからおよそ一〇年後の一九六〇年四月、「沖縄県女師・一高女ひめゆり同窓会」は財団法人として正式に認可され、一九六八年一月にようやく、念願だった同窓会館の完成にこぎつけている。遺骨収集や慰霊祭の開催、糸満市伊原の第一外科壕跡の土地購入など、この間にひめゆり同窓会の果たした役割は大きかった。[38] 本格的な読書運動や作品創造は復帰後まで待たねばならなかったが、この時代の社会的な動きはのちに沖縄から発信される「ひめゆり」物語誕生の胎動でもあったのである。

## 三　本土復帰以前の「ひめゆり」物語

### (一) 戦没者遺族の保障問題と「ひめゆり」物語

長編物語として「ひめゆり」が児童文学にあらわれるのは、金城和彦の『ひめゆり部隊のさいご』（作品番号19、図2-5）が初出であった。[39] 和彦は沖縄戦の体験者ではないが、奇しくも終戦直後に収容所で流布していったと言われる「ひめゆり」物語のモデル、金城信子・貞子姉妹の兄で、妻も「ひめゆり」学徒隊の生存者であった。遺族が執筆したという背景を知ったうえで読むと、この作品が殉国美談として描かれている理由がわからなくもない。

図2-5　『ひめゆり部隊のさいご』表紙

(出典)『ひめゆり部隊のさいご——太平洋戦・沖縄学徒隊の悲劇』偕成社、1966年

また筆者は、和彦の作品における沖縄戦認識に大きな影響を与えたのは、兄妹の父・金城和信[40]ではないかと推察している。

金城和信は終戦直後に激戦地だった摩文仁の真和志村長に任命され、犠牲者たちの遺骨収集、魂魄の塔、ひめゆりの塔、健児の塔など慰霊塔の建立に尽力した人物である。一九五二年に「戦傷病者戦没者遺族等援護法」（以下「援護法」と表記）が制定されると、沖縄への援護法適用実現に向けて活動したことでもよく知られている。また援護法では当初、戦場に動員された一七歳未満の中等学校生徒たちの「軍人・軍属」としての処遇には隔たりがあったため、和信は折衝に奔走していた。こうした交渉が実を結ぶためには「国との雇用関係」を証明し、沖縄戦で彼らが国のために犠牲になった事実を政府側にわからせる必要があった。そこで和信は、学徒らがいかに忠誠心と献身をもって戦場に赴いたかを国会で訴え、あわせて軍人同様に靖国神社に合祀することも陳情したのであった。[41] わが娘だけでなく、沖縄のすべての親にとってかけがえのなかった娘、息子たちの死を無意味なものにするまいという努力が、多くの犠牲者の名誉回復と遺族の補償につながったことは、大きな功績であったといえる。証拠書類をそろえることも困難ななか、「生涯遺骨を背負うて生きる」を口癖に、毎日ビタミン注射をしながら遺族の補償問題解決に向けて奮闘する父を、近くで支えた和彦はどう見ていたろうか。妹たちの非業の死、父の苦労、娘や友人を失った母や妻の悲しみに直接接したことで、こうした思想が形づくられていった可能性は否定できないのではないかと思う。

やがて援護法は「軍人・軍属」だけでなく、一般住民であっても「戦闘協力者」であれば「戦闘参加者」として適用されることになる。だが被害住民を経済的に救済しようとすれば、行政側に認可されるような書きぶりが求められた。その結果、書類申請の過程で、日本兵の説得・強制・命令などによる非戦闘員（住民）の犠牲も「軍の戦闘に協力したもの」という書き換え、捏造が生じた。[42] この点に関しては、金城親子の国との折衝や作品における言説[43]との類似も認められる。あくまでも戦争被害の「補償」を求める沖縄側と、戦闘参加の事実をもって援護法適用を認定していく日本政府の間には初めから大きな認識の隔たりがあったのである。[44] そこに「肉親の死は無駄死にではなかったと思いたい」遺族の心情が加わったとき、援護法とセットだった靖国神社合祀という殉国美談にからめとられていく危うさがあったのではないか。

和彦の作品は、愛国調と殉国美談に彩られたものだったから、当然ながら子どもの本としては問題作であった。したがって出版も含め、和彦のやったことは「殉国沖縄学徒顕彰会」をつくり、靖国神社で毎年顕彰会をおこなうことだったと批判された。[45] だがこういう経緯を背景に作品を読むと、書かれたことと発言だけをもって遺族自らが「若いいのちをおくにのためにささげた」という沖縄戦認識を持っていた、と断ずることには慎重でありたいと思う。[46] この作品の背後には、沖縄戦の犠牲者に無理解な日本政府に対する怒りと、沖縄の現状への焦燥が潜んでいたのかもしれない。長い間犠牲者やその遺族への補償が見過ごされ、米国統治下でさらに基本的人権さえも侵害され続けていた沖縄の人々の声には、複雑な心情があったことも留意する必要があるだろう。

## （二）体験と創作の「ひめゆり」物語の登場

和彦の作品は、大部分がいくつかの体験者の記録や手記に拠って書かれたものだったので、著者というより編者という意味合いが強いものとされている。[47] だから体験者による「ひめゆり」の記録が児童書として登場したのは、『燃える日本列島』（図2-6）が初出であろう。この中に「悲劇の島　沖縄」の章が設けられ、そのうちの一篇に与那覇百子の「ひめゆり部隊はゆく」（作品番号25）が収録されている。

南風原陸軍病院に召集されてから捕虜になるまでの戦場体験を、元ひめゆり学徒自身が語った本作は、一九八五年にフォア文庫から再版された。一九九二年には、劇画『ひめゆりたちの沖縄戦』（作品番号39）が刊行され、直近では『ももちゃんのピアノ』（作品番号60）が幼年向けに出版された。与那覇の体験談は、形を変えて長く読み継がれた記録のひとつでもある。初出の「ひめゆり部隊はゆく」では、退却の際に重症患者に青酸カリを渡して置き去りにしたこと、重症患者の一人が、生き延びたい一心で砲弾と泥水の中をいざって後を追ってきたことなどが書かれており、献身だけでは済まされなかった戦場の一面が顕わになっている。また、南に追い詰められた住民が壕に入れてほしいと懇願するの

図2-6　『燃える日本列島』表紙
（出典）『燃える日本列島』童心社、1969年

図2-7　『ひめゆりの少女たち』表紙
（出典）『ひめゆりの少女たち――沖縄戦にちった女生徒隊の悲げき』偕成社、1970年

を断り続け、やっと再会できた自分の父や姉さえも壕に入れずに死なせてしまったことも率直に語られている。「わたしもまったく子どもだった」という言葉には、大人の言うまま、軍隊の言うままに従ってきた無知と幼さを悔やむ思いが滲んでいる。戦争当事者の体験だけに臨場感があるが、これはシリーズ全三巻の一部として掲載されたもので、本格的な「ひめゆり」物語ではなかった。

やがて七〇年代に入ると、那須田稔の『ひめゆりの少女たち』（作品番号26、図2-7）が出る。実際に沖縄を訪れて取材し、資料を参考にしながら書きおろした[48]本作は、沖縄にゆかりのない作家による初めての長編創作児童文学でもあった。とはいえ、時代的な制約もあり宮良ルリの手記[49]以外は、一次資料として信憑性に乏しいことは否めない。本土では早い時期に出た作品として一定の価値は認められているものの「想像部分はお粗末」と評されている。[50]「わたしたちは、お国のために、力をあわせてがんばりぬきましょう」「…兵隊さんがよろこんでくれた――それだけで、ひめゆり部隊にくわわってよかったとおもうのでした」といったような女学生の形象は、いかにもステレオタイプである。また帰りの飛行機の中で著者が「さようなら、摩文仁の丘、ひめゆりの少女たち」と感傷的につぶやくエンディングからも、戦争を今の自分に引き付けて読ませる力強さは感じられない。

### （三）少女雑誌にみる「ひめゆり」物語のゆくえ

先にみたように六〇年代は、少年向け雑誌が戦記ものブームを巻き起こしていた。では戦前に人気を誇っていた少女雑誌では戦後、「ひめゆり」はどう扱われたのだろうか。

図2-8　中岡俊哉「血にそまったひめゆり」
（出典）『週刊少女フレンド』講談社、1966年、60-61頁

前書で取り上げた雑誌のうち、『少女倶楽部』（講談社）は一九四六年四月号から誌名を『少女クラブ』へ改変し、一九六二年に廃刊となっている。その後『週刊少女フレンド』へと衣替えして月刊誌としての終焉を迎えた。同じく『少女の友』（実業之日本社）は、一時は宝塚歌劇のグラビアや「友ちゃん会」（読者会）などで人気を盛り返したが、それ以後は共学などによる少女の感情の急激な変化の影響を受け一九五五年六月に終刊した。[51]また、『少女の友』で女学生の人気を博していた中原淳一は戦後、ヒマワリ社を興し『ひまわり』（一九四七年一月―一九五二年一二月）、『ジュニアそれいゆ』（一九五四年七月―一九六〇年一〇月）などを刊行し、相変わらず少女たちの絶大な支持を得ていた。しかしこちらも一九六〇年夏に中原が病に倒れたのを機に廃刊となってしまった。[52]戦後の少女雑誌は恋愛小説やファッション、日常生活の話題に加え、宝塚や映画のスターを取り上げることが多く、これらに「ひめゆり」物語が掲載された形跡を見いだすことはできなかった。少女雑誌が相次いで廃刊になるのと入れ替わるように台頭してきたのは、『週刊明星』（集英社、一九五八年七月―一九九一年一二月）、『週刊平凡』（平凡社、一九五九年五月―一九八七年一〇月）などの芸能雑誌だった。こちらにも芸能雑誌はアイドルの話題が主流だったので、

図2-9　「ああ！ひめゆりの塔」ラストシーン
（出典）鈴原研一郎『それいけ！マリー』集英社、1968年、198-199頁

当然「ひめゆり」物語は掲載されていなかった。[53]

「ひめゆり」物語が掲載されたのはむしろ少女漫画雑誌であった。「血にそまったひめゆり」（作品番号20、図2-8）は、子どもが肝試しに訪れたひめゆりの塔で、女学生の幽霊に出会うという怪談である。作品の終わりは「このようなおそろしい戦争が、二度とくりかえされないように、そして、平和な毎日がつづくようにと――。」と記され、反戦平和を願う作品のように装われている。それはマーガレット・コミックスに掲載された漫画「ああ！ひめゆりの塔」（作品番号24、図2-9）にも共通する手法である。日記をもとにしたように装いつつ引率教師と軍人との恋愛要素を盛り込み、最後は髪に花を飾って女学生たちが日本刀で自決するなど、中身はまったくのつくり話である。「怖いものみたさ」、「涙をそそる」物語で子どもたちの歓心を買い、好奇心を刺激しているとも受けとれるつくりといってよいだろう。作品末尾に、「二度とこのような悲劇をくりかえしてはならぬことを……」という言葉が決まり文句のように添えられていることも、こうした少女漫画雑誌の特徴のひとつであった。

また少女雑誌に「ひめゆり」物語が登場しなかった一方で、六〇年代の学年別雑誌にはひめゆり学徒隊をモチーフにした作品が頻繁に掲載されていた。その理由としてこれらの雑誌には、知識読み物として学習教材の意味合いもあったためではないかと考えられる。ただいずれも雑誌では短編になるため、一九四五年五月以降の南部への撤退から書き起こされているものがほとんどで、戦場の最も悲惨な場面が取り上げられている印象は否めない。またこれらの作品には、ノンフィクションと銘打たれていても、誌面には「沖縄に命ささげた」(作品番号12)、「命をかけて日本の本土を守った」(作品番号14)、「日本の本土を守り抜こう！戦火におびえながら、最後まで米軍と戦った、沖縄女学生部隊の記録！」(作品番号15)という文章が添えられ、犠牲と献身が前面に打ち出される点も共通している。雑誌掲載作品には、子どもたちに戦争について考えさせるようなものもないわけではないが、少数である。たとえば、戦車にあこがれを持つ子どもに元学徒の母親が戦争体験を語り、話を聞いた後に子どもが「南の国のジャングル」で今も続く戦争に思いをはせるという仕掛けを織り込んだ「ひめゆりのねがい」(作品番号16)。この作品には、「いま」を生きる子どもと母親世代の戦争体験を切り結ぼうとする視座は感じ取れた。また、元ひめゆり学徒が自分の子どもたちに戦争体験を語る座談会形式の「青春をひめゆり部隊にささげた母の戦記」(作品番号23)にも、次世代へ体験を語り継ぐ企画意図が汲み取れた。だがいかんせん短編や特集記事では、読者が戦争をリアルに想像したり、「我がこと」として考えるには心もとない。雑誌に「ひめゆり」物語が翻案されて流布していく過程には、内容の不確実さや主題の弱さといった問題も含まれていたのである。

## 四　本土復帰後の「ひめゆり」物語

### (一)沖縄における読書運動の高まり

こうした状況に変化が訪れるのは一九七二年四月のことである。沖縄児童図書館研究会創立記念講演会が開催され、児童文学者の代田昇が来沖した。代田は特殊艇の隊員として沖縄戦に出征し、終戦までの二年間を久米島阿嘉部落で過ごした経験の持ち主で、「日本子どもの本研究会」事務局長でもあった。その時の代田の来沖目的の一つは久米島訪問であったが、戦後初めて島を訪れたことで何か心に思うところがあったのだろう。一か月後に再び久米島を訪問する際に沖縄本島に立ち寄り、自ら「子どもの本」について講演会をしたいと申し出た。こうして急遽開催された講演会は、多くの参加者で会場いっぱいになったという。「当時はまだ子どもの本といえば教科書だと思っている頃だったので、代田先生の話は興味深く感動的」だったという参加者の言葉から、本土との格差を実感したであろう驚きが想像できる。この講演会が端緒となり、翌年五月にセミナー「子どもの本」が開催され、最終日には代田が講演会とパネル討論会を行った。六月には「沖縄県子どもの本と児童文化講座」の準備委員会が発足し、八月には四日間にわたって「子どもの未来をみつめて」というテーマで、第一回児童文化講座の実現をみた。[54]本土の出版社（あすなろ書房、岩崎書店、偕成社、金の星社、童心社、ポプラ社）の協賛もさることながら、講師陣に増村王子、代田昇、古田足日、松谷みよ子、鳥越信、岩崎京子とそうそうたるメンバーが招かれ、参加者たちは大いに刺激を受けた。これがさらに一〇月の「沖縄県子どもの本研究会」結成に繋がったというから、そのスピード感には驚かされる。年に一回の研修だけでは物足りないと、一九七七年三月には月一回、六か月継続で「子どもの本の学校」を開校することになり、県内外の作家、研究者、実践家が訪れて交流が深まっていった。こうした読書運動の広がりに力をつくした代田の存在は大きかったと言える。復帰後は本土との行き来が簡単になったことも、読書運動の活性化を促した要因だろう。だがもちろんそれだけではない。当時、この活動を支えていたのはほとんどが地元の教職員で、彼らは本土復帰運動の原動力にもなっていた。「沖縄の子どもの学力低下、他府県との格差をなくすためには、子ども達の豊かな言語生活を支えるための読書教育、学校図書館の充実をはかる必要があると考え、少ない予算のなかで努力している人たちがいた」ことを忘れてはなるまい。[55]こうした沖縄の読書運動の高まりのなかで、沖縄戦体験者による「ひめゆり」物語が誕生していったのである。

## （二）沖縄から発信された「ひめゆり」物語

全編を沖縄の書き手によって書きあげられた戦争児童文学は、日本子どもの本研究会と沖縄の父母と教師の力で誕生した『捕虜になるまで』（作品番号29、図2-10）だった。ここには元ひめゆり学徒の渡久山ハルが、表題にもなった「捕虜になるまで」を寄せている。戦後三〇年も経ってようやく、ひめゆり学徒隊の生存者が重い口を開いて子どものために戦争を語り出した意義は大きい。なぜなら、生き残った人々にとっては「語る」行為そのものがとても大きな障壁となっていたからである。「ひめゆり」物語が映画になり小説になり、全国的な物語として広まっていくにつれ、生存者の胸の内には「自分だけ生き残ってしまった」という自責の念が膨れ上がっていった。生存者の思いとは違うところで「ひめゆり」物語がひとり歩きをしていた現状[56]は、ますます口を重くさせたことだろう。黙して語れなかった三〇年の歳月にはそういう事情もあった。

では、何が子どもたちに自身の体験を語ろうと決意したきっかけになったのだろうか。ひとつには自分たちの力で教材をつくりだそうという教師たちの運動が広がっていたことがあげられる。これは彼らが読書運動に熱心に取り組んできた成果でもあった。翌年、姉妹編の『いたずらっ子ケン』（沖縄・子どもと教師の文学の会編、一九七六年）が刊行されている。この二巻の執筆者一六人のうち一四人が教師であり、編集委員の徳田渙（当時：壺屋小学校校長）は「沖縄県子どもの本研究会」会長、執筆者の一人である久手堅憲俊（「親と子のよい映画をみる会」創設者）は本書刊行の翌年から事務局長を務めている。代田は『捕虜になるまで』のあとがきで、必ずしも秀作ぞろいとは言えないけれども、執筆者たちが変にベールをかけることなく率直に体験記を綴っていると、本書を高く評価した。奇しくも二年前の一九七三年には、代田

図2-10　『捕虜になるまで』表紙

（出典）『捕虜になるまで』先生のとっておきの話3〈沖縄編〉ポプラ社、1975年

自身が沖縄戦体験を綴った絵本『四人の兵士のものがたり』（潮平正道 絵、あすなろ書房）を出版している。挿絵画家は学徒兵として鉄血勤皇隊に召集され、八重山での戦争経験をもつ美術家であった。やはりここにも代田が牽引していた読書運動の影響が垣間見える。沖縄在住の人々とのつながり、活動の広がりは、沖縄から発信することを大きく前進させたといってよいだろう。

もうひとつには、「ひめゆり」学徒隊の生存者たちに芽生えた意識の変化がある。本土復帰直前、ある放送局が沖縄の実情を本土に伝える番組として、元「ひめゆり」学徒隊による証言映像を企画していた。その証言を依頼されたのが生存者のひとり、宮城喜久子であった。彼女には、学徒隊解散の命令が出たあと戦場を彷徨し、逃げ場を失って荒崎海岸まで追い詰められた末に捕虜になった経験があった。終戦直後に遺骨収集に行って以来、二七年もの間どうしても荒崎海岸には足が向かなかったが、固辞しても再三再四懇願されるのでとうとう取材に応じた。やっとの思いでその場に立った彼女が見たのは、慰霊碑もいつの間にかなくなり、ゴミ捨て場となって荒れ果てた戦場跡地であった。先生や友人の命が一瞬にして失われた場所が忘れさられ放置されていることにショックを受けた宮城は、ようやく碑の再建と戦争体験の語り継ぎを決意したのであった。「忘れたい」「逃れたい」という自己防衛の気持ちと、このまま語らなければ戦争体験が風化してしまうという葛藤は、最終的に次世代への語り継ぎを選択させたのであった。[57]

本土では、戦争体験者が語り始めたところから出発した戦後の戦争児童文学が、沖縄の内から生まれるのには長い長い年月が必要だった。そこにたどり着くまでには、本土の児童文学者たちとの交流のなかで生まれ育っていった読書運動の広がり、[58]「ひめゆり」の体験を風化させまいとする同窓会の活動が下支えとなっていたのである。

一九八〇年に開催された「あれから35年――鉄の暴風・沖縄戦の全容『ひめゆりの乙女たち』展」の展示会は全国主要八か所と沖縄を巡回し、大きな反響を呼んだ。その三年後、母と子の家庭での話し合いや学校の教材として活用してもらえるようにと、紙上展の意味合いを込めて『母と子でみる　ひめゆりの乙女たち』（作品番号31）が出版された。[59]これを機に、八〇年代以降は堰を切ったように県内外の児童文学者によるノンフィクションや、元ひめゆり学徒の体験記が児童向けに作品化されていった。相対的に沖縄は児童文学に対する関心が薄かったと言われるが、本土復帰以降の児童文化活動や平和運動の広がりとともに、沖縄から戦争を語り継ぐ児童文学が誕生していたのである。

# おわりに

## (一)「ひめゆり」物語はどのように語られてきたか

「ひめゆり」物語の書誌と作品の内容からわかったことは二つあった。一つには、初期の「ひめゆり」物語が児童文学ではおもに知識読み物として扱われていたということだった。多くの評論では金城和彦、那須田稔の長編物語が起点に論じられているが、それは創作児童文学を念頭に置いていたからである。一九五〇年代—六〇年代半ばに刊行されていた少年少女向け日本史シリーズには、「ひめゆり」物語が頻繁に掲載されていた。これらはすべて短編の知識読み物で、地域や戦争の歴史を学ぶための学習教材的な役割を果たしていた。そのため沖縄戦の非体験者が名所旧跡のひとつとして「ひめゆりの塔」を解説したり、戦記に若干の創作を加えて戦場における学徒隊の献身と犠牲の説明をすることに終始せざるを得なかった。

二つには、実は筆者は戦後も少女雑誌を中心に殉国美談調の「ひめゆり」物語が流布していったのではないかと考えていたが、実際は違ったことである。戦前のおもな少女雑誌は六〇年代には姿を消し、「ひめゆり」物語は学年別雑誌やコミック誌等に頻繁に取り上げられていた。戦記ものが漫画、短編読み物として雑誌に掲載されるのは六〇年代特有の現象でもあった。「平和への祈り」を謳っていても、内容には史実を歪めたつくりのものも散見された。児童文学において、殉国美談として「ひめゆり」物語を流布していたのは、少女雑誌というよりもこうした学年別雑誌やコミック誌だったのである。

復帰後は雑誌への掲載はなくなり、県内外から多くの「ひめゆり」物語が誕生していた。たが、既刊の作品はほぼ「戦争体験者の語り」と「戦争非体験者による再話」の二通りが占めていた。原話はいずれも元ひめゆり学徒の体験に基づく記憶なので、当事者の「内の目」からの物語といってよい。「戦争の事実に即して、その事実を超える作品が書かれねばならない」[60]という提言がなされてからすでに半世紀以上もの歳月が流れた。現在も、体験に頼らない戦争児童文学、今を生きる子どもが昔話としてではなく、時を超えて戦争を発見するという仕組みをもった作品が模索されている。[61]だが、「ひめゆり」物語は体験の語り継ぎが主流で、創作児童文学ではいまだ体験を超える作品は誕生していないのではないだろうか。

## (二)「ひめゆり」物語を語り継ぐ視座

本章を書くにあたって、「ひめゆり」と名のつく作品を片っ端から読んでみた。まずその数の多さに驚かされたが、それは「女」「子ども」という両方の属性を帯びた女学生の犠牲が、戦争の悲惨さを伝えるうえでもっとも人々の琴線に触れる物語だったからだろう。若桑みどりは、「人間が戦争の恐怖と惨禍を表現したいと望むとき、もっともふさわしい場所は女性の身体」であり、「大衆の観点からみれば、純粋な犠牲者は、非戦闘員として、一方的に犠牲になった『女』『子ども』でなければならない」[62]と述べている。こうした大衆の感覚は、アウシュビッツの惨劇が「アンネ」というひとりの少女の物語に代表されることにも通底している。「アンネ」も「ひめゆり」も「無垢な少女の悲劇の物語」として消費され続けたことによって、彼女たちこそがかわいそうな被害者だという読みが強調された。しかも彼女たちの物語は、唯一無二の特別な体験で絶対的な力をもっていたため、読み手は今の自分とかけ離れた世界の出来事として受け止めてしまいがちである。結果、その決定的な隔たりの前に臆して沈黙せざるを得ないのである。[63]その隔たりを埋めるためには、現在の子どもたちが当時の戦争を想像したり考えたりしながら共感できる物語が必要ではないだろうか。その仕組みのひとつとして、たとえば前述の『母と子でみるひめゆりの乙女たち』（作品番号31）や、「学徒看護隊と『自決』を強いられた傷病兵」（作品番号44）、「ひめゆり学徒の持ち物」（作品番号52）のように、「モノ」や「場」を介してその背後にある物語をイメージする方法、などは創作の参考になる。また戦場の被害体験を伝えただけで、子どもたちが戦争の全体像をつかむことは難しい。だから読み手と同じ年齢の子どもがどのように戦争に巻き込まれていったのか、その後どうなったのかという道筋を主人公とともにたどることも理解を深める手助けになるだろう。そういう意味で、子ども時代の環境から戦後の生活までを丁寧に語っている『私のひめゆり戦記』（作品番号36）は、必ずしも子ども向けに出版されたものではないが優れたドキュメンタリーになっていた。ほかにも創作の工夫が気になった作品として、主人公の子どもが戦場にタイムスリップして戦争を体験する「戦場をかける少女たち」（作品番号53）、戦争体験を「聖域」として固定化せず、現代の少女の「夢」として描こうとした『COCOON』（作品番号50）など、多様な視座から「ひめゆり」物語を描こうと試みた漫画が印象に残った。「現代の書き手」は生まれたときからすでに戦争とは隔たりがあった世代である。体験者ではない「伝わりにくさ」を感じるからこそ、新しい創作方法への模索もある。彼らによる「現代の子ども」へ語る「ひめゆり」物語がようやく誕生しつつあるのではないだろうか。子どもたちが歴史的事実と関わりながら、「自分たちの今」に引き付けて読めるような「ひめゆり」物語の創造が今後望まれている。

本稿は、JSPS科研費 JP22K02299の助成を受けたものです。

**注**

1 齋木喜美子「戦場の記録と記憶の継承における課題——「ひめゆり」のイメージ形成に少女雑誌が与えた影響を手がかりに」齋木喜美子編著『立ち上がる艦砲の喰残し《カンポーヌクエーヌクサー》——沖縄における教育・文化の戦後復興』関西学院大学出版会、二〇二二年、五一—七一頁。

2 作品リストは、「沖縄戦」「ひめゆり」のキーワードで国立国会図書館国際子ども図書館の提供するデータベース「児童書総合目録」で検索し、現物を確認して作成した。併せて沖縄県立図書館児童室、および郷土資料室でも同じ方法で追加調査した。現時点で筆者が確定できた範囲のリストなので、引き続き調査を継続し、確定稿を目指したい。

3　規約には「この会は民主主義文化の建設のために自由で芸術的な児童文学を創造し普及することを目的とする」（児童文学者協会『日本児童文学』第五号、一九四七年一一月）と明記された。

4　『赤とんぼ』（実業之日本社、一九四六年四月―四八年一〇月）、『子供の広場』（新世界社、一九四六年四月―五〇年三月）、『銀河』（新潮社、一九四六年一〇月―一九四九年八月）、『少年少女』（中央公論社、一九四八年二月―一九五一年一二月）などがあった。

5　奥山恵「民主主義児童文学」鳥越信編著『はじめて学ぶ日本児童文学史』ミネルヴァ書房、二〇〇一年、二九六―二九九頁参照。

6　「『少年文学』の旗の下に！」（通称「少年文学宣言」）は、一九五三年九月に発行された会の機関誌に発表された。当時の早稲田大学の童話サークルのメンバーは、鳥越信、古田足日、神宮輝夫、山中恒らであった。童話伝統を克服し「少年文学」を求める学生らの主張は、不振・停滞の時代の創作児童文学界に新しい道をひらこうとした試みだったと評価されている（宮川健郎「さよなら未明――『童話伝統批判』と現代児童文学の成立」鳥越、前掲注5に同じ、三一二―三一九頁参照）。

7　宮川健郎「第二次世界大戦後の戦争児童文学Ⅲ――一九八〇年～現在――」鳥越信・長谷川潮編著『はじめて学ぶ日本の戦争児童文学史』ミネルヴァ書房、二〇一二年、二二七頁参照。

8　『だれも知らない小さな国』（佐藤暁《さとる》、講談社、一九五九年）、『木かげの家の小人たち』（いぬいとみこ、中央公論社、一九五九年）などの長編ファンタジーが代表作とされている。

9　佐藤忠男「少年の理想主義について――『少年倶楽部』の再評価」（『思想の科学』第四次三号、中央公論社、一九五九年）、古田足日『現代児童文学論』（くろしお出版、一九五九年）、石井桃子らによる『子どもと文学』（中央公論社、一九六〇年）などが新しい児童文学のあり方を実現する原動力となったとされている（宮川、前掲注6に同じ）。

10　奥山恵「第二次世界大戦後の戦争児童文学Ⅰ」鳥越・長谷川、前掲注7に同じ、一〇四頁参照。

11　奥山は戦後早い時期に『僕の欧米日記』（小野満春、世界文庫、一九四七年）、『北京へ北京で北京から』（仁谷正明、学習社、一九四八年）、『僕のソ聯日記』（戸泉弘爾、コスモポリタン社、一九五〇年）といった引揚体験記、『原爆雲の下に生きて』（永井隆編、大日本雄弁会講談社、一九四九年）、『原爆の子』（長田新編、岩波書店、一九五一年）など、子どもたちの戦争体験文集などが出ていたと述べ、背景に戦前の綴り方教育、出版文化の影響を示唆している（同前、一〇五―一〇六頁）。

12　長谷川潮『日本の戦争児童文学』久山社、一九九五年、七三頁。

13　岡本恵徳『現代文学にみる沖縄の自画像』高文研、一九九六年、四〇―四一頁参照。

14　連載開始早々、読売新聞が小説のモデルとされる人物「西岡一義」を、東京学芸大学追分分校で要職にある実在の人物であると報じた。そのため小説の内容が「事実」か「嘘か」に注目が集まることとなった。石野は、あくまで小説は「沖縄戦の被害と訴へと祈りとを住民の側から描かうとしたので、特定のモデルについてバクロ読物を作ったり記録を作ったりする意図は毛頭ありません」と抗弁したが、『ひめゆりの塔』は作者の意図を離れて論争を生む結果となった。経緯は「特集『ひめゆりの塔』はウソか」（『令女界』第二七巻第一二号、宝文館、一九四九年一二月）を参照されたい。

15　三嶽公子は、石野の作品が沖縄戦の実態を報告したものではなく、主題は非戦と軍国主義批判、そして沖縄の新たな復活であると述べた。そしてこの作品にはあった軍国主義批判と皇民化教育への批判が、その後の「ひめゆり」ブームには欠落していたことを指摘している。「ひめゆり」の物語化に何が欠けていたのかを知るうえで、この指摘は示唆に富んでいる（三嶽公子「『語り』のパワーゲーム――石野径一郎『ひめゆりの塔』を読む」『敍説』一五号、花書院、一九九七年、一〇〇―一〇一頁）。

16　一九五〇年二月、戦災援護会からの依頼で児文協のメンバーが熊本県水俣に疎開していた沖縄学童の慰問に行ったことがあった。当時のことを坪田譲治が書き残しているが、そこにあるのは子どもたちへの同情と自身の無力感であった。のちに引揚間近との報道を見た際にも、南の温暖の国に帰り、砂糖やサツマ芋のいくらでも食べられる国で「父母の膝下で幸福にすこやかに、もう今後永久に戦争などしない平和なおとなとおなりなさい」と祈りの言葉は添えてはあっても、沖縄の置かれた現状には言及していない（坪田譲治「沖縄の子供たち」『故里のともしび』泰光堂、一九五〇年、二二五―二三一頁参照）。

17　岩波の本づくりには、絵本の訳出に石井桃子や光吉夏弥が関わっていたし、編集者には鳥越信やいぬいとみこらがいた。また、同じく五〇年代に月刊保育絵本『こどものとも』を刊行していた福音館書店の松居直は、『こどものとも』の刊行と並行して、五〇年代半ばごろから石井桃子、瀬田貞二の導きで、鈴木晋一、いぬいとみこ、渡辺茂男らとともに、リリアン・H・スミスの『児童文学論』をテキストに絵本について共同研究を深めていた。その成果が『子どもと文学』に結実したことはよく知られている。幼い子の文学にとっての物語のわかりやすさと面白さ、物語におけるイラストレーションの重要性などが、『こどものとも』シリーズの試みによって広がり、多彩な才能をもった多くの絵本作家が輩出されていった（大橋眞由美「福音館書店の絵本――『こどものとも』九六号までを中心に」鳥越信編著『はじめて学ぶ日本の絵本史』Ⅲ、ミネルヴァ書房、二〇〇二年、一〇九―一一一頁参照）。

18　この時代の古田の作品には、『宿題ひきうけ株式会社』（理論社、一九六六年）、『モグラ原っぱのなかまたち』（あかね書房、一九六八年）などがある。ほかにもこの時代を代表する作品として、寺村輝夫『ぼくは王さま』（理論社、一九六一年）、大石真『チョコレート戦争』（理論社、一九六五年）、神沢利子『くまの子ウーフ』（ポプラ社、一九六九年）などがあげられる。

19　石井桃子は岩波書店を退職して海外に学び、帰国後の一九五八年、自宅を開放して地域の子どもたちのために「かつら文庫」を開いた。現在は東京子ども図書館分室として大人の利用者にも活用されている。翻訳家、作家としても活躍しながら読書運動を牽引した石井が現代児童文学に果たした功績は大きい（詳細は東京子ども図書館ＨＰ参照。https://www.tcl.or.jp　閲覧日：二〇二二年九月二日）。

20　高橋久子「一九六〇年代の絵本――新しい子ども文化の構築へ」鳥越、前掲注17に同じ。一四七―一五一頁参照。

21　一九六三年、『週刊少年キング』は『0戦はやと』（辻なおき）の連載を開始し、『紫電改のタカ』（ちばてつや）、『少年忍者部隊月光』（吉田竜夫）、『白虎戦車隊』（九里一平）、『ゼロ戦行進曲』（貝塚ひろし）など、戦争マンガが次々と誕生していた（長谷川、前掲注12に同じ、八六―八七頁参照）。

22　石上正夫「こどもと戦争児童文学」日本児童文学者協会『日本児童文学』第一二巻第七号、一九六六年七月、五一頁参照。

23　たとえば『少年忍者部隊月光』（鈴木出版、一九六五年）は雑誌連載後にコミック絵本となり、のちにサンコミックスシリーズでマンガ化（朝日ソノラマ、一九六八年）されていた。

24　砂田弘「問題をなげた戦記もの」（『図書新聞』一九六二年九月）。筆者の参照は、砂田弘『砂田弘評論集成』てらいんく、二〇〇三年、一七―一八頁。

25　事件の経緯は古田足日「『あかつき戦闘隊』大懸賞問題」（上）、（下）日本児童文学者協会『日本児童文学』第一四巻第六号、一九六八年六月、七二―七九頁、同じく第一四巻第八号、同年八月、一〇二―一〇九頁に詳しい。

26　一九五九年一二月、「児童文学者は安保条約に反対する」という集会がもたれ、中野重治は児童文学者が安保条約に立ち向かわねばならないと表明した（「児童文学者は安保条約に反対する」日本児童文学者協会『日本児童文学』第六巻第二号、一九六〇年三月、六一頁）。政治の問題を児童文学で子どもに伝えることは困難であるが、古田足日は政治と文学は二元論でも統一でもなく「方法イコール内容」、「わからないところはわからないままにその断面を見せる」と述べた（同前、古田足日「このごろ思うこと――政治と児童文学」六五―六九頁参照）。

27　横谷輝は議論の総括として、現在の戦争児童文学のほとんどが作家のくぐってきた戦争体験が語られていることに触れ、「戦争体験が戦争体験として、現在に通じるためには、その特殊性が一般性へ解放されなければならない」「戦争体験は現在の時点にたって思想化され、今日に生かされるようにかきあらためられなければならない」と述べた。また、「いくつかの戦争児童文学には伝達ばかりがあって自己の内部とのつながりがない」という古田の言葉を引きつつ、児童文学者が戦争そのものの正体を文学的にえぐりだすことの重要性を主張した（横谷輝「戦争児童文学の問題」日本児童文学者協会『日本児童文学』第一二巻第一〇号、一九六六年一〇月、六一―一〇頁参照）。

28　岩波書店編集部編『近代日本総合年表』第三版、岩波書店、一九九一年参照。

29　加来宣幸「語り伝えておく義務――児童文学の一側面」、松田米雄「沖縄と児童文化」（日本児童文学者協会『日本児童文学』第一四巻第七号、一九六八年七月、六一―一六頁参照）。

30　「沖縄」はいくつかの詩からなっていて、最初の作品は「ひめゆりの塔」であった。六〇年代の機関誌ではほかに「沖縄の少年」（門倉訣、第一一巻第一一号、一九六五年一一月、四六―四八頁）という詩が掲載されたことがあった。

31　創作ではなかったが、いち早く沖縄に目を向けた児童文学者は乙骨淑子であった。乙骨は、一九五九年に起きた宮森小学校ジェット機墜落事件について「沖縄・宮森小学校の惨禍から」という随筆を機関誌に寄せ、「大人は一人として責任を転化する事は許されない」と述べた（日本児童文学者協会『日本児童文学』第五巻第八号、一九五九年九月、九五頁）。

32　『沖縄タイムス』、一九六七年七月二〇日。

33　伊芸弘子「沖縄における読書運動の夜明け」沖縄県子どもの本研究会創立30周年記念誌編集委員会編『沖縄県子どもの本研究会30年のあゆみ』沖縄県子どもの本研究会発行、二〇〇四年、四七頁。

34　『アメリカの沖縄統治関係法規総覧』Ⅳ、月刊沖縄社、一九八三年、三五九頁参照。

35　一九六〇年一二月に沖縄教職員会が発行した『愛唱歌集』の事件がよく知られている。許可を見込んで印刷し、教育研究中央集会で一部教員に配布したが、翌月には布令違反として回収命令が下った。この事件を機に言論出版の自由を求める声が拡大し、人民党が機関紙『人民』の不許可取り消しを求める裁判を起こした。翌年、原告の全面勝利で裁判が終結し、人民党は発行停止一一年目にしてようやく出版許可を勝ち取った（門奈直樹『沖縄言論統制史』現代ジャーナリズム出版会、一九七〇年、三三五—三四八頁参照）。

36　詳細は宮城剛助「情報の検閲——『集成刑法』の制定——」那覇市歴史博物館編『戦後をたどる——「アメリカ世」から「ヤマト世」へ』琉球新報社、二〇〇七年、一七九—一八六頁参照。

37　詳細は、齋木喜美子『近代沖縄における児童文化・児童文学の研究』風間書房、二〇〇四年、二〇九—二一〇頁参照。

38　ひめゆり平和祈念資料館編集・発行『ひめゆりの戦後』ひめゆり平和祈念資料館資料集Ⅰ、二〇〇〇年、一八—二〇頁参照。

39　和彦はこの本に先だって金城和彦・小原正雄編『みんなみの巌のはてに』（光文社、一九五九年）、『愛と鮮血の記録』（国洸社、一九六六年）等を出版している。本書はそのジュニア版の位置づけと言ってよい。

40　真和志村長退任後、和信は一九五四年から沖縄遺族連合会事務局長となり、沖縄戦没学徒援護会を設立。一九六六年から沖縄遺族連合会会長を務め、遺族援護活動に努めた（仲宗根政善『石に刻む』沖縄タイムス社、一九八三年、一一八—一三八頁参照）。

41　石原昌家『援護法で知る沖縄戦認識　捏造された「真実」と靖国神社合祀』凱風社、二〇一六年、一三二—一四五頁参照。本書には、和信の陳情活動の様子や「国会参考人発言」（一九五五年六月一七日）が収録されている。

42　同前、一五三頁—一七五頁。援護法を適用するためには、「壕追い出し」も「スパイ嫌疑による住民斬殺」も、軍の戦闘に協力したものとして処理せざるを得ない事情があった。もともと「軍人・軍属等」のための援護法で、沖縄戦の犠牲になった住民を救済するには矛盾があった好例であろう。

43　和信が国会参考人発言で「私たちはお国にささげたという当然の気持ちでございます」と述べ、和彦は「この本は、沖縄戦で若い命を祖国のためにささげた女学生、中学生、小学生たちの真実の記録」と書いている（石原、前掲注41に同じ、一四一頁、および金城和彦『ひめゆり部隊のさいご』参照）。

44　嶋津与志は「この時沖縄側は沖縄に対する特別立法を要求すべきであった」と、援護法の欠点を述べた。そして援護法のワクがはめられたことによって沖縄戦の事実の歪曲が始まり、戦争体験の虚構が一般化してやがて靖国思想へと引きずられていく弱点を鋭く指摘していた（嶋津与志『沖縄戦を考える』ひるぎ社、一九八三年、二二三—二二四頁参照）。

45　長谷川潮『戦争児童文学は真実をつたえてきたか』梨の木舎、二〇〇〇年、一六四—一六五頁参照。長谷川は、和彦の戦争観では学徒たちの死の責任を追及することも告発することも不可能だと断じ、この本が「児童対象の最初の出版物であり、長く読まれてきているのはまったく無念としか言いようがない」と厳しく批判した。

46　石原は和信の参考人発言について本心を率直に吐露した発言ではなく、「子供を戦場で失った戦争後遺症を癒すため無意識に本心とは裏腹な気持ちを表現しているのかもしれない」と述べている（石原、前掲注41に同じ、一四四頁）。

47　長谷川、前掲注45に同じ、一六五頁参照。

48　那須田稔「あとがき」『ひめゆりの少女たち』偕成社、一九七〇年、一七四―一七五頁参照。
49　那須田は、宮良ルリ「ひめゆり部隊を生き残って」『沖縄の母親たち』（合同出版、一九六八年）以外に、石野径一郎や金城和彦の作品、古川成美の『沖縄の最後』（中央社、一九四七年）、吉村昭の『殉国』（筑摩書房、一九六七年）などを参考にしたと述べている。
50　長谷川、前掲注45に同じ。一六五―一六六頁参照。
51　大阪国際児童文学館編『日本児童文学大事典』第二巻、大日本図書、一九九三年、五六〇―五六五頁参照。
52　中原蒼二監修『「没後20年　中原淳一展」カタログ』朝日新聞社、二〇〇三年、二五六―二五八頁参照。
53　『セブンティーン』（一九七二年四月）の特別レポートには、当時の男性アイドルグループ、フォーリーブスが「ひめゆり」の遺族を訪ねる旅企画が掲載されたことが一度あった（作品番号27）。
54　伊芸、前掲注33に同じ。四七頁参照。
55　大田利律子「『子どもの本と児童文化講座』と『子どもの本の学校』開催について」沖縄県子どもの本研究会創立30周年記念誌編集委員会、前掲注33に同じ。二九頁、および「沖縄県子どもの本研究会活動略年表」一五―一六頁参照。
56　ひめゆり平和祈念資料館編集・発行『ひめゆり平和祈念資料館ガイドブック（展示・証言）』二〇〇四年、一四八―一四九頁参照。
57　宮城喜久子「エピローグ」『ひめゆりの少女――十六歳の戦場』高文研、一九九五年、参照。
58　七〇年代には沖縄各地に読書会や家庭文庫、親子読書サークルの活動が生まれた。また一九七一年には『青い海』（津野創一編、青い海出版社）が創刊され、沖縄の昔話の再話や本土の児童文学者との対談、「青い海児童文学賞」の主催など、沖縄の内から「書く」ことの意識を育てようとしていた（齋木、前掲注37に同じ、二三四―二四〇頁参照）。
59　ひめゆり平和祈念資料館、前掲書注38に同じ、二二三―二二五、五四頁参照。
60　古田足日「戦争読物をどういう材料でどう書くか」日本児童文学者協会『日本児童文学』第一〇巻第八号、一九六四年八月、一一頁。
61　たとえば宮川健郎は「読者が過去の戦争体験を聞かされるのではなく、虚構のなかで、主人公とともに「戦時下の日本」を生きることのできる作品」として、那須正幹の『屋根裏の遠い旅』（偕成社、一九七五年）、大石真の『街の赤ずきんたち』（講談社、一九七七年）、後藤竜二の『九月の口伝』（汐文社、一九九一年）などをあげている（宮川健郎「『戦争児童文学』をこえて」日本児童文学者協会『日本児童文学』第四二巻第八号、一九九六年八月、一四―二一頁参照。
62　若桑みどり「ジェンダーの視点で読み解く戦後映画――『男たちの大和』を中心に」和光大学総合文化研究所年報『東西南北』二〇〇七年三月、一四頁。
63　鈴木智之「『ひめゆり学徒隊』を想起／想像する――今日マチ子『cocoon』から、マームとジプシー『cocoon』へ（1）」法政大学社会学部学会編『社会志林』第六三巻第三号、二〇一六年一二月、二頁参照。鈴木は、「私」が私自身のものとして語りうる言葉と、この出来事（ひめゆりの戦争体験）を語るにふさわしい言葉とのあいだに決定的な「隔たり」があるように感じられると、その沈黙の理由を説明している。

## 資料1　「ひめゆり」の物語（ヤングアダルト向け、漫画、事典等含む）書誌

＊「ひめゆり」物語は「ノンフィクション」、「フィクション」あるいはそれらを混合したものなど、さまざまな階層の作品がある。そのためここでは、物語を「短編」か「長編」かで分類した。また、作品にジャンル・書誌などが記されている場合はゴシック、著者注は※で「備考」に記載した。

＊作品タイトルの太字は雑誌掲載作品。

＊一部を除き、作品の副タイトルは省略し、ガイドブックはリストから除いた。

| No. | 作品タイトル | 文／絵 | 出版社 | 出版年 | 作品形式 | 備考（書名、巻号、シリーズ名など） |
|---|---|---|---|---|---|---|
| 1 | **ひめゆりの塔** | 石野径一郎 | 宝文館 | 1949 | 長編物語 | 『令女界』27（9―12）※4回連載 |
| 2 | ひめゆりの塔 | 長沼すみ子（カット・太田二郎） | 太平洋文庫 | 1954 | 漫画 | 漫画全集44 |
| 3 | ひめゆりの花――太平洋戦争の悲劇 | 岩佐氏寿（児童文学者協会編） | 朝日新聞社 | 1954 | 短編物語 | 『少年少女日本史物語』4 ※同、改定合本・下（1959）にも再掲 |
| 4 | ひめゆりの塔 | 絵で見る日本の歴史編集委員会／鈴木正二・西村保志郎・笠原八重子 | 国民図書刊行会 | 1957 | 短編物語 | 『絵で見る日本の歴史』7（現代の日本） |
| 5 | ひめゆりの塔 | 長谷健／伊勢正義 | あかね書房 | 1957 | 短編物語 | 『日本史の光』5年生 |
| 6 | **ひめゆり隊の最期** | 石野径一郎／笠木実 | 学習研究社 | 1958 | 短編物語 | 『中学一年コース』2（5）**特別読み物** |
| 7 | ひめゆりの塔 | 福田清人／相沢光朗ほか | 講談社 | 1959 | 短編物語 | 『学習日本風土記』7（九州・沖縄編） |
| 8 | **ひめゆりの花は散れど** | 河合三郎／斎藤寿夫 | 旺文社 | 1959 | 短編物語 | 『中学時代一年生』4（6）**大戦実話** |
| 9 | ひめゆりのとう | 二反長半／滝原章助 | 三十書房 | 1960 | 短編物語 | 『名所をたずねて』おはなし日本3 |
| 10 | ああ、ひめゆり部隊 | 秋永芳郎・棟田博 | 集英社 | 1962 | 短編物語 | ジュニア版『太平洋戦史』4（平和編） |
| 11 | 沖縄のひめゆりの塔 | 中沢圣夫／加藤敏郎 | 偕成社 | 1962 | 短編物語 | 『日本歴史のひかり』少年少女ものがたり百科17 |
| 12 | **沖縄に命をささげた〝ひめゆり部隊〟** | 三浦清史／堂昌一 | 家の光協会 | 1964 | 短編物語 | 『こどもの光』1（5）**ノンフィクション物語** |
| 13 | ひめゆり部隊 | 上川淳／箕田源二郎・松山文雄・前島とも | 岩崎書店 | 1965 | 短編物語 | 『太平洋戦争』小学生のおはなし日本歴史13 |

| | | | | | | |
|---|---|---|---|---|---|---|
| 14 | **カラー劇場　ひめゆりの塔** | 高野よしてる | 小学館 | 1965 | 漫画（連載） | 『小学六年生』18（5）（戦火編） |
| 15 | **カラー劇場　ひめゆりの塔** | 高野よしてる（扉絵／伊勢田邦彦） | 小学館 | 1965 | 漫画（連載） | 『小学六年生』18（6）（死闘編） |
| 16 | **ひめゆりのねがい** | 古田足日／岩田浩昌 | 小学館 | 1965 | 短編物語 | 『小学三年生』20（5） |
| 17 | **カラー劇場　ひめゆりの塔** | 原作・石野径一郎／とびら絵・石原豪人／漫画・高野よしてる | 小学館 | 1965 | 漫画（連載） | 『小学六年生』18（7）（最終回／ぎょくさい編） |
| 18 | ひめゆりの塔――ユリの花にうもれた沖縄戦争のきずあと | 浅井得一・植田利喜造編 | 小峰書店 | 1965 | 短編物語 | 『日本ふしぎ探検』6（九州・沖縄編） |
| 19 | ひめゆり部隊のさいご――女学生の従軍記録 | 金城和彦／鈴木登良次 | 偕成社 | 1966 | 長編物語 | 『ひめゆり部隊のさいご』少年少女世界のノンフィクション18 |
| 20 | **血にそまったひめゆり** | 中岡俊哉／伊勢田邦彦 | 講談社 | 1966 | 短編物語 | 『週刊少女フレンド』4（36）（189）<br>**終戦特集③** |
| 21 | ひめゆりの花 | 松島栄一・武者小路穣／田代三善 | 盛光社 | 1967 | 短編物語 | 『大日本帝国の最後』昭和の日本4 |
| 22 | **ひめゆり南の島に散る** | 金城和彦 | 旺文社 | 1967 | 短編物語 | 『中三時代』19（4）<br>**特別記事** |
| 23 | **青春をひめゆり部隊にささげた母の戦記** | 津波古ひさ・充紀、長嶺藤子・朋子、本村つる・昌一、世嘉良利子・紀子 | 小学館 | 1967 | 座談会 | 『女学生の友』18（5）<br>**現地取材** |
| 24 | **ああ！ひめゆりの塔** | 鈴原研一郎 | 集英社 | 1968 | 漫画 | 『それいけ！マリー』マーガレット・コミックス |
| 25 | ひめゆり部隊はゆく | 与那覇百子（来栖良夫等編）／永井潔 | 童心社 | 1969 | 短編物語 | 『燃える日本列島』父が語る太平洋戦争3<br>※体験記 |
| 26 | ひめゆりの少女たち | 那須田稔 | 偕成社 | 1970 | 長編物語 | 世界のこどもノンフィクション9<br>※偕成社文庫2043（1977） |
| 27 | **“ひめゆりの塔”はかなしく…** | | 集英社 | 1972 | 訪問記 | 『セブンティーン』5（15）（202）<br>**特別レポート** |
| 28 | ひめゆり隊の記録 | 曽野綾子 | 偕成社 | 1973 | 長編物語 | ノンフィクション物語5<br>**原作『生贄の島』講談社（1970）** |

| | | | | | | |
|---|---|---|---|---|---|---|
| 29 | 捕虜になるまで | 渡久山ハル（沖縄・子どもと教師の文学の会編）／箕田源二郎 | ポプラ社 | 1975 | 短編物語 | ※体験記<br>『捕虜になるまで』先生のとっておきの話3 |
| 30 | ひめゆり学徒隊 | 池宮城秀意 | 岩波書店 | 1980 | 短編物語 | 『戦争と沖縄』岩波ジュニア新書 |
| 31 | 母と子でみる　ひめゆりの乙女たち | 朝日新聞企画部編 | 草土文化 | 1983 | 記録（図録） | **紙上展** |
| 32 | 戦火の中の青春 | 上原米子（日本児童文学者協会、日本子どもを守る会編） | 草土文化 | 1983 | 短編物語 | 『沖縄県で戦った』続・語りつぐ戦争体験2 |
| 33 | 八月二十二日の太陽 | 下嶋哲朗 | フレーベル館 | 1984 | 長編物語 | |
| 34 | 戦火にちった、ひめゆり隊 | 小石房子／田代三善 | 講談社 | 1984 | 短編物語 | 『戦火にちった、ひめゆり隊』ほんとうにあった美しい話10 |
| 35 | 水筒――ひめゆり学徒隊戦記 | 新里堅進 | ほるぷ出版 | 1984 | 漫画 | ほるぷ平和漫画シリーズ16、17<br>※新潮社（1989）、（株）ゲン・クリエイティブ（1995）で上・下巻再版 |
| 36 | 私のひめゆり戦記 | 宮良ルリ | ニライ社 | 1986 | 長編物語 | ※体験記 |
| 37 | ひめゆりの塔 | 鈴木亮・中妻雅彦編／金沢佑光 | 大月書店 | 1990 | 短編物語 | 『戦争と平和：昭和』絵で読む日本の歴史6 |
| 38 | 沖縄のひめゆり部隊 | 加藤文三・名原壽子編／石井勉 | 汐文社 | 1991 | 歴史（学習） | 『日本人いのちと健康の歴史』5<br>（昭和～現代） |
| 39 | ひめゆりたちの沖縄戦 | ほし☆さぶろう | 閣文社 | 1992 | 漫画 | **与那覇百子原作** |
| 40 | 忘れてはならないことをたしかめよう | 奥井智久・大堀哲監修 | 福武書店 | 1992 | 歴史（学習） | 『戦争と郷土の歴史を考える』9 |
| 41 | ひめゆりの沖縄戦 | 伊波園子 | 岩波書店 | 1992 | 長編物語 | 岩波ジュニア新書207<br>※体験記 |
| 42 | ひめゆり学徒隊 | 和歌森太郎ほか編／箕田源二郎 | 岩崎書店 | 1995 | 短編物語 | 『ひめゆり学徒隊』語りつごうアジア・太平洋戦争8<br>※「沖縄戦記」の章の1節 |
| 43 | ひめゆりの少女――十六歳の戦場 | 宮城喜久子 | 高文研 | 1995 | 長編物語 | ※体験記 |
| 44 | 学徒看護隊と「自決」を強いられた傷病兵 | 上羽修（文と写真） | 草の根出版会 | 1999 | 記録（図録） | 『ガマに刻まれた沖縄戦』母と子でみる44 |
| 45 | ひめゆりの銀のカンザシ | 久手堅憲俊 | リブリオ出版 | 2000 | 短編物語 | 『沖縄の童話』愛蔵版県別ふるさと童話館47<br>**ルポルタージュ風創作** |
| 46 | ひめゆり学徒隊のさいご | 大塚篤子・川村たかし監修 | ポプラ社 | 2003 | 短編物語 | 『心うたれるほんとうにあった話』二年生 |

| | | | | | | |
|---|---|---|---|---|---|---|
| 47 | 弾道 | 与勝海星 | 那覇出版社 | ２００５ | 漫画 | ひめゆり学徒隊物語第一部、第二部 |
| 48 | ひめゆり学徒隊の戦争 | 平井美津子編 | 汐文社 | ２０１０ | 歴史（学習） | 『シリーズ戦争遺跡』第二巻 |
| 49 | ひめゆり学徒隊――少女たちの沖縄戦 | ふくやまけいこ | 朝日新聞出版 | ２０１０ | 漫画 | 『週刊マンガ日本史』朝日ジュニアシリーズ49<br>※続編の97（２０１７）にも再録 |
| 50 | COCOON　コクーン | 今日マチ子 | 秋田書店 | ２０１０ | 漫画 | |
| 51 | 絵本　ひめゆり | ひめゆり平和祈念資料館／三田圭介 | 沖縄県女師・一高女ひめゆり平和祈念財団 | ２０１１ | 絵本 | |
| 52 | ひめゆり学徒の持ち物 | 平井美津子編 | 汐文社 | ２０１４ | 記録（図録） | 『平和を考える戦争遺物』４（沖縄戦と米軍占領） |
| 53 | 戦場をかける少女たち | てしろぎたかし | 小学館 | ２０１４ | 漫画 | 『レキタン！』小学館学習まんがシリーズ５ |
| 54 | 第32軍司令部を放棄 | 行田稔彦 | 新日本出版社 | ２０１４ | 記録（戦記） | 『わたしの沖縄戦』３（弾雨の中で――沖縄島南端で迫る恐怖） |
| 55 | ひめゆりの塔 | 大石学監修 | 学研教育出版 | ２０１４ | 歴史（学習） | 『文化遺産学習事典』学研まんがＮＥＷ日本の歴史別巻［２］ |
| 56 | ひめゆり学徒隊 | ＷＡＶＥ出版編 | ＷＡＶＥ出版 | ２０１７ | 歴史（学習） | 『教科書にでてくるおはなし３６６』<br>※「６月18日のおはなし」として紹介 |
| 57 | 沖縄に散る――ひめゆり部隊哀歌 | 水木しげる | 金の星社 | ２０１７ | 漫画 | 『沖縄戦と原爆投下』漫画家たちの戦争<br>**※原作は『暁の突入』兎月書房（１９５８）** |
| 58 | 真紀とひめゆり | 町田樹生 | 飛鳥出版室 | ２０１８ | 絵本 | |
| 59 | 女子生徒が動員された「ひめゆり学徒隊」 | 新城俊昭監修 | 汐文社 | ２０２２ | 歴史（学習） | 『いまこそ知りたい！　沖縄が歩んだ道』<br>①琉球・沖縄の歴史 |
| 60 | ももちゃんのピアノ | 柴田昌平／阿部結 | ポプラ社 | ２０２２ | 長編物語 | ワイド版ポプラ社ノンフィクション：40<br>平和<br>※幼年童話、与那覇百子原作 |

## コラム　現代の子どもが「沖縄戦」を実感するために

勧められて中澤晶子『ワタシゴト　14歳のひろしま』（汐文社、二〇二〇年）を読んだ。修学旅行で広島平和記念資料館を訪れた中学生が「むかし」の戦争を発見し、自分事として考えていく過程を、「いま」の彼らの視点で描いた作品であった。表題の「ワタシゴト」とは、「渡し事」と「私事」をかけた作者の造語である。

「戦争の記憶」を後世に伝えるためには、まず事実の集積が記録として保存され、戦記が書かれなければならない。だが現代の読者である子どもの場合、厳然たる事実の記録から学ぶだけで「戦争」を理解することは難しい。彼らがイメージできるように語り、体験の意味をともに考えられるような工夫が必要となる。そうでなければ戦争児童文学は「平和への祈り」というお題目になってしまう。だから資料館の展示資料と関わりながら原爆が「ワタシゴト」に引き寄せられていく物語は新鮮だった。

「ひめゆり」物語では『COCOON』が印象に残った。丹念に取材を重ねて資料を調べつくしても、体験を一〇〇パーセント伝えることは決してできない。それを理解したうえでのチャレンジが感じられたからである。この作品はどこか南の島で起きた過酷な戦場を、甘やかな夢（作中では繭）で自分を守って生き延びる少女を描いた創作漫画であった。あとがきの「砂糖で鉄は錆びるのか」という比喩は、作品のテーマをよく表している。戦争が巨大で強靭な鉄の塊だとしたら、おそらく誰もその敵を打ち負かすことはできない。だけどももし生き延びる力があるとしたら、それは被害者としてしか取り扱われてこなかった「女」「子ども」が本質的に持つ向日性、生命力にこそある。友人たちの死を「（残念だった）……でも戦争だったから……」と、主人公のマユはそう言ってのけ、「生きていくことにした」。そこには可憐で純真な乙女像というより、無自覚ゆえに貪欲でたくましい少女の生命力が描かれていた。

「体験的戦争児童文学、自分たちが体験した戦争を素材にしてそれを戦後ヒューマニズムでコーティングした作品はおもしろくない」。かつてそう語ったのは作家の那須正幹である。やや挑発的に聞こえるかもしれないが、おそらく戦争児童文学には現代的視座をもつ多様な作品がもっとあっていい。那須はそう言いたかったのではないかと思った。

参考文献　那須正幹ほか「文学で平和は作れるか？」日本児童文学者協会公開シンポジウム、二〇〇七年五月二〇日、五頁参照。

今日マチ子『COCOON』
秋田書店、2010 年

# 第3章　歌が途絶えることの意味・復活することの意味
## ――ある音楽教諭の思想と実践

三島わかな

## はじめに

「あの戦争への想いについて、ずぅっと、ずぅっと、誰にも言わなかったのよ」と、ぽつりと語りだした順子の母。その母の声を聴いた瞬間、順子の脳裏によみがえったのは「戦前の歌や踊りを、いまの時代に歌ったり踊ったりしてもよいのでしょうか」と言って戸惑い、芸能を復活させたいという順子からの提案をかたくなに拒んだ、とあるご婦人の姿だった。

かつて昭和初期の沖縄社会では、新嘗祭に献上するお米をつくるための予祝行事「献穀田御田植式《けんこくでん》」が、毎年おこなわれていた。このご婦人は、沖縄での最後の開催となる一九四四年に早乙女を務めた人物だった。当時、御田植式の早乙女たちは、この祭のために作曲された御田植歌に合わせて斎田に早苗を植え、田植完了後にも、ふたたび御田植歌と御田植踊を式典会場で奉納した。温暖な沖縄での御田植式は例年三月から四月初旬におこなわれ、中頭郡《なかがみぐん》美里村字石川（一九四二年）、知念村字志喜屋《しきや》（一九四三年）、玉城村字百名（一九四四年）というように、太平洋戦争が開戦してからも毎年欠かすことなく執りおこなわれた。[1] 先のご婦人は一九四四年の開催時、玉城村の代表として選出された二〇名の早乙女のひとりであり、近代沖縄における最後の早乙女となった。

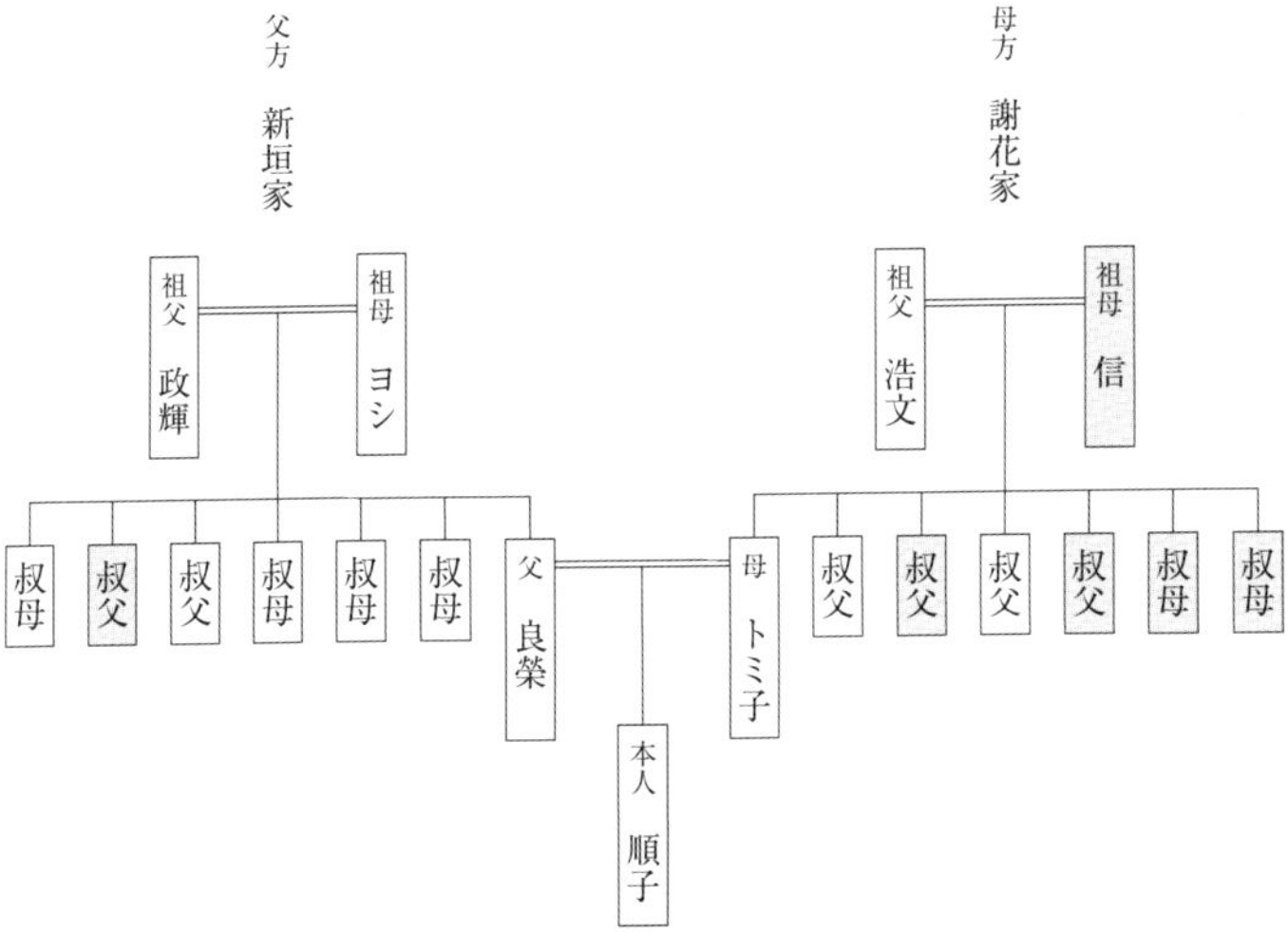


**図3-1 順子を中心とした家系図**（筆者作成）
塗りつぶしは沖縄戦での戦没者

敗戦後、沖縄は米国統治下におかれ、以降二七年間にわたって日本社会から「隔て《フィダティ》」られた。そこで献穀田御田植式ならびに御田植芸能を継承してきた社会的文脈が断ち切られたことで、その文化的風土も失われてしまった。さらにいえば、沖縄社会に流れる戦後の思想や風潮も、決してこの芸能を顧みることはなかった。

冒頭の二人の女性が、それぞれの胸の内にずっとずっと抱え続けてきたであろう想いが、時空を超えて順子のなかで瞬時に重なったのである。順子の母は、このご婦人と何の接点もない。けれども順子は、幼き頃から母に感じてきた何かを、母と同世代のこのご婦人に感じ取ったのだった。一〇代なかばという青春のみずみずしい時間が戦争に絡めとられてしまった世代。そして戦時下を懸命に生き抜いた二人の女性。沖縄戦の生き残りとして、いま生きているがゆえに、いま命あるがゆえに、この世代が抱くある種の後ろめたさ。先の戦争の生き残りとして、この命を、どのように受け止めて生きていけばよいのだろうか。だからこそ、彼女らの心を解き放ち、人間が本来もっているはずの自然な感情を発露してほしいと、順子は長きにわたって母親の後ろ姿を見つめながら切に願ってきた。

本章では、音楽教諭・川武順子[2]の半生を家族との関わりのなかで描き出しながら、ひとりの人間の精神性や価値観がどのように形づくられていくのかをたどる。そのなかで、地域の文化が「断絶」することと「復活」することの意味について、当事者性という観点から考えてみたい。

## 一　「生と死」の狭間を生きた母の想い

### （一）語り始めたトミ子

ここでは、順子の実母・トミ子[3]の生い立ちから話をはじめたい。トミ子は、その胸の奥深くにしまっていた戦前から戦中の出来事について、ぽつりぽつりと語りはじめた。今年で九四歳を迎えるトミ子は現在、地元の八重瀬《やえせ》町（旧・東風平《こちんだ》町）に一人で暮らしている。小学校教諭として勤めあげ、現役時代の一九五〇年代から七〇年代にかけては、沖縄の日本復帰運動にも熱心に関わった。戦後、七〇年以上にもわたって閉ざし続けてきたみずからの重い口を初めて開いたのは、いまからほんの六年前のこと。それは、トミ子の夫・良榮[4]が九二歳で他界してから間もなくのことだった。それ以来のトミ子の心境を、順子は次のように語る。[5]

［トミ子は］夫を亡くしたときから、じつは淋しさが募ってきて、いまさらのように自分の実の弟や妹や母が戦争で亡くなったときの、あのいとおしさがとめどもなく甦ってきて……。あの戦争で、［トミ子の］父は三六歳ながら妻を失ってしまい、本当に淋しかった、つらかったんだろうなぁって、トミ子は父の気持ちに想いを馳せる。でも［トミ子の］父は生前、そんな気持ちを決して口に出して言うこともなく、一生懸命、ただひたすらに戦後は家族のために豚を飼って、野菜を作って、家族を生かしていたんだなぁって。

夫を亡くしてから、トミ子は独りぼっちになった。トミ子はいま、ようやく自分の生家のことを振り返ることができるようになり、そして、ようやく語りはじめた。順子はここ数年、母を淋しくさせないようにと、晩になると実家で寝泊まりし、翌朝は母と一緒に朝食をとっている。これまでトミ子が閉ざしてきた胸の内を語ることは、いまでは朝食時の日課となっている。トミ子の生家である謝花家が、戦時下から戦後にかけてどのように暮らしたかについて、トミ子は毎日毎日、幾度となく語る。それは決して途切れることがない。

そんなトミ子の人生には、生死を分ける衝撃的な三度の分岐点があった。ここでは、その分岐点をたどってみたい。そこには、誰しもあらがえない運命・宿命があるとしか言いようがない。

## （二）沖縄県営鉄道輸送弾薬爆発事故

第一の分岐点は、太平洋戦争が開戦して三年を経た一九四四年一二月一一日の夕刻に起きた沖縄県営鉄道輸送弾薬爆発事故だった。通称「軽便《けいびん》鉄道」と呼ばれた県営鉄道は一九一四年に創業し、沖縄戦で壊滅される一九四五年初頭までの間、沖縄本島内を往来する主要な貨客輸送だった。[6]

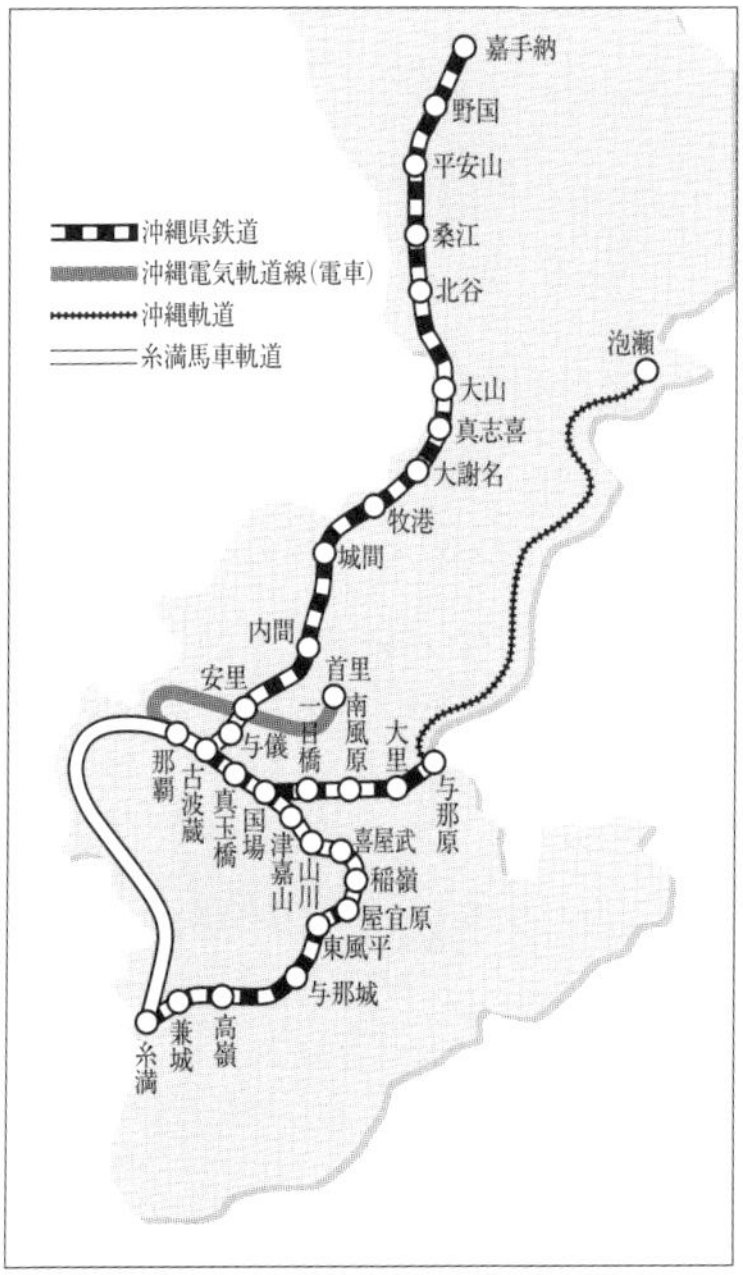


図 3-2　沖縄県鉄道路線図

（出典）内閣府沖縄総合事務局北部国道事務所ホームページ（http://www.dc.ogb.go.jp/hokkoku/yan_koku/03kindai/62.html　アクセス日 2022 年 10 月 16 日）をもとに作成。

一九四四年一二月のこと。米軍上陸に備え、沖縄本島南部に駐屯していた第九師団が同月中旬に台湾へ転出することに伴い、それに入れ替わって第二四師団が本島南部へ移動することとなった。そこで県営鉄道を使って兵員や武器弾薬の輸送が大規模におこなわれた。事故の起こった一二月一一日、本島中部の嘉手納《かでな》駅では兵員と武器弾薬を積んだ六両編成が出発した。その列車は那覇市内の古波蔵《こはぐら》駅に到着するとガソリン入りの無蓋缶一両と有蓋缶一両を連結して八両編成となり、各車両には兵員と、そして一部の車両には通学の女学生を乗せ、終点の糸満駅へ向けて出発した。[7]南風原《はえばる》町にある喜屋武駅を通過したあたりの上り坂で、貨客を満載した列車は速度を落としたが、そのあと神里（現・南風原町）付近にさしかかると、列車が突然、轟音を立てて大爆発し、積載の弾薬も次々と誘爆し、辺り一面が火の海となった。乗っていた兵員二一〇人前後、女学生八人、乗務員三人の約二二〇人が死亡し、犠牲となった。[8]当時の目撃者は「ごう音と共に黒煙が空に上がった。（集落の）ガジュマルには黒ずんだ人の肉片や白い（医療用の）ガーゼが多く付着していた。戦後、事故現場の近くの畑を耕すと遺骨がたくさん出た」[9]と証言する。

当時、沖縄県立第一高等女学校[10]の三年生だったトミ子は、その日、長堂《ながどう》（現・豊見城《とみぐすく》市）付近で防空壕掘りをしていた。戦時下ですでに授業が閉鎖しており、女学生たちも連日の軍事作業に駆り出されていた。その日の作業を終えたトミ子は、いつものように津嘉山《つかざん》駅から軽便鉄道に乗って、自宅最寄りの東風平駅へ向かおうとした。すると津嘉山駅の駅長さんが、「今日は混んでいるし、あなた方は東風平なので、そう遠くないから歩いて帰りなさい」[11]と、トミ子ら数名の女学生に声をかけた。

そこで、素直に駅長さんの声かけに従ったトミ子ら数名の女学生たちは、徒歩で東風平方面へと向かった。その帰途で、ちょうど友寄《ともよせ》（現・八重瀬町）集落内にさしかかったとき、もの凄い爆発音がトミ子の耳にも響いたのだ。まさか、先ほど乗ろうとしていた軽便鉄道が爆発したとは想像するはずもなく、トミ子は「何の音だろう」といぶかしげに思った。現在、トミ子は爆発事故のことを思い出すたびに、「駅長さんの声かけに素直に反応したおかげで、いま私は生きている」と断言する。

### （三）ひめゆり学徒隊に選抜されず

第二の分岐点も、沖縄県営鉄道輸送弾薬爆発事故が起こった一二月のことだった。第三二軍司令部は米軍上陸がほぼ確実だと見込み、地上戦に備えて、軍看護要員としての動員を沖縄県下の女子生徒へ要請した。多くの学徒動員のなかで沖縄師範学校女子部（以下、女子師範）および沖縄県立第一高等女学校（以下、一高女）の動員のことを「ひめゆり学徒隊」と呼んでいる。[12]

ひめゆり学徒隊への入隊は選抜制で、身長が高く体格が良い生徒から順に選ばれた。当時三年生だったトミ子は身長が低かったために選抜されず、同学年のうち、トミ子を含めたわずか五名だけが選抜から漏れた。ひめゆり学徒隊に入隊できなかったことは劣等感へとつながり、トミ子にとって恥ずかしく、悔しさに満ちた出来事となった。そして、入隊できなかったトミ子ら五名の女学生は、南風原壕にてお茶沸かし組としての任務にあたっていた。その一方で、ひめゆり学徒隊は沖縄陸軍病院への動員を要請され、一九四五年三月二五日から六月一八日に解散命令が宣言されるまでの約三か月間、沖縄本島南部の激戦地にあって悲惨極まりない環境のなかで、連日従軍看護にあたった。[13]

## （四）生き死に分けた「北か南か」

トミ子の人生における第三の分岐点は、「北か南か」という避難先の判断にあった。この判断がトミ子の一家の運命をも決定づけることになる。

沖縄諸島は一九四五年の早々から、ひっきりなしの大規模な空襲にさらされた。沖縄戦必至とみた日本軍は、非戦闘員住民のすべてを沖縄本島北部へ疎開するように沖縄県当局へ要請した。[14] なぜなら沖縄本島南部では激戦が予想され、[15] 北部のほうが比較的安全と考えられていたことによる。実際には、疎開における輸送力の貧弱、住宅の欠乏、食糧難など多くの困難のなか、一九四五年三月中旬頃までに約三万人が疎開した。前年一〇月一〇日の十・十空襲による那覇の焼失は、本島外及び本島内疎開を促進させたが、一度は本島北部に避難したものの再び那覇付近に帰還する者も相当いたという。一九四五年三月二四日に沖縄本島が艦砲射撃を受けたことで、南部から北部への避難が四月一日の米軍上陸前夜まであいついだ。だが、なおも多くの者が南部地区に残留し、戦闘の渦中にまき込まれ多大の犠牲者を出す結果となった。[16]

トミ子の一家も一九四五年三月二三日頃、避難へと向かった。[17] 母と四人の弟と二人の妹とトミ子たちは、自宅のある東風平から徒歩で与那原《よなばる》に向かい、その後は沖縄本島の東海岸を北上した。そのときの光景について、「東海岸に出ると、与那原の海の水平線には軍艦がひしめき、まったく空きがなかった」[18]と、トミ子は回想する。飲まず食わず歩き続け、数日後にようやく本島中部の金武《きん》に着いた。

その日の夜中、馬車の音で目が覚めたトミ子の母は驚いて飛び起き、道路に出た。すると、同じ東風平に住む知り合いの女性二人が銃撃され、自宅のある東風平へ戻るためにその馬車に乗せられているではないか。それを知ったトミ子の母は、「所詮、どこに行っても〔いつ死ぬかわからず〕同じこと」[19]と考え直し、自宅のある南部へと引き返すことを決心した。そして、Uターンして石川（現・うるま市）まで来たときに、一台のトラックが停車していた。トミ子がそのトラックの運転手に行き先を尋ねたところ、東風平へ向かうところだという。家族八名は乗れないので、母と二人の妹と二人の弟の五名をトラックに乗せてもらい、トミ子はもう二人の弟を連れて歩いて東風平へ引き返すことにした。なんと、二手に分かれた家族は、このときが生涯の別れとなってしまうのだ。

トミ子たちが、ちょうど知花《ちばな》（現・沖縄市）の集落を歩いていたとき、ばったり出くわしたのが伯父だった。「バカヤロウ、戦場《いくさば》に向かって行く人がいるか、山原《やんばる》に早く戻りなさい」と、伯父に叱られたので、以降、トミ子と二人の弟たちは、この伯父と一緒に沖縄本島を北上し、久志《くし》村（現・名護《なご》市久志）へ疎開した。一方、母と一緒に移動した家族らは、沖縄本島南部の東風平に戻った。当時、家屋財産への執着心と墳墓の地への愛着、避難地での生活に不安を感じていた人びとも少なくなかった。そういった人びとは、本島北部へは避難せずに本島南部の居住地やその付近に留まり、空襲の際は屋敷内の防空壕や自然洞穴で戦火を避けていたという。[20] ちなみに、トミ子の父・浩文は防衛隊に駆り出されていたため、一家とは別行動をしていた。

戦争が終わり、北部疎開組のトミ子と二人の弟、そして家族とは別行動をしていた父を含めて四人は生き残った。けれども、激戦地となった南部の島尻《しまじり》地域に留まった五人の家族は戦火に巻き込まれ、爆弾を浴びて、骨も何ひとつなければ、跡形すらない。一家は糸満《いとまん》で被弾したと記録される。[21]「北に逃げるか、南に逃げるか」という判断が、離散したこの一家の運命を二分したことになる。

トミ子の母たちと同様に、本島南部にいたひめゆり学徒隊も、最前線で従軍看護にあたった。その結末について本稿であらためて言うまでもないが、二二六人の学徒が壮絶な最期を遂げた。[22]そこにはトミ子の多くの学友の命も含まれていた。ひめゆり学徒隊の最期の様子については、ひめゆり平和祈念資料館の資料のなかに、次のように刻まれている。[23]

ここに刻んでおきたい。

米軍が間近にせまるなか、六月一八日の夜半、陸軍病院では、学徒に「解散命令」が下ろされました。動揺する生徒たちに、引率教師は「決して早まったことをしてはいけない」「安全な場所を探してひとりでも多く生き延びなさい」と伝えました。重傷の学友を壕に残していくのもつらく、砲弾が飛び交う壕の外に出るのも恐ろしく、生徒たちはなかなか出ていこうとはしませんでした。砲弾の飛び交う中、傷ついた体をひきずりながら逃げる者、負傷した学友を助けて歩いていく者、重傷で動けずその場に倒れる者、砲弾に吹き飛ばされていく者、ガス弾攻撃を受ける者、手榴弾を胸にあて爆発させる者、海岸で大波にのまれる者など、行き場を失い、父母を叫びながら死んでいく生徒が続出しました。

肩を並べて切磋琢磨し、ともに笑い合い、ともに励まし合い、ときにはケンカもしたかけがえのない青春の日々、そしてかけがえのない仲間たちをトミ子は永遠に失ってしまったのだ。

## 二　順子の生育環境――レコード音楽と沖縄芸能にかこまれて

激戦地ゆえに荒廃した状況から、戦後の東風平村民がともに立ち上がっていった様子を、当時の村長は次のように述べる[24]。

去る戦争で東風平村には日本軍南部の拠点があったため、見る影もない程にしたたか叩きのめられて、斯かる豊かな住みよい村の全貌が、灰燼と化して仕舞ったのであります。（中略）幾多の村民を失って村人口は半減し、（中略）農耕地は荒れ果て、家畜もなく、住むに家なく、食うに物なしという全く言語に絶する程の窮状に、（中略）かろうじて生き残った村民は斯くなった郷土を、こうした悪条件の下で一日も早く復旧すべく、克苦耐乏先ず真先に共存共栄の精神で相扶け合って（中略）村公共事業等に邁進致しまして（以下省略）

終戦から数年後のこと。戦後の復興のなかでトミ子は良榮と出会い、新垣家に嫁いだ。新垣家は当時一〇名という大家族だった。トミ子の義父・政輝[25]は村きっての三線《さんしん》の名手であり、琉球古典音楽から沖縄民謡まで幅広いレパートリーをこなした。そんな政輝は、東風平集落における地域の行事や祝い事の宴席に欠かせない人物であり、モーアシビー[26]でもいつもひっぱりだこだった。集落の豊年祭では三線を弾いたあとで、さらに棒術を披露するなど、政輝は地域の人びとと深くつながり、コミュニティの場を盛り上げ、地域の文化を重んじた。そして戦後、米国統治下の時代に各家庭に備えつけられた親子ラジオ[27]をいつも聴いていた政輝は、ラジオから流れてくる沖縄民謡や琉球古典音楽を聴き取るがままに、みずからの三線で演奏することができたという。そのエピソードからも、政輝の聴音能力がいかに高かったかがわかる。その息子となる良榮も父の血を受け継いでおり、村祭りでは芝居に出演した。同様に良榮の姉妹たちも箏や琉球舞踊をたしなんでいた。のちに生まれてくる順子にも、「琉球舞

図3-3　字東風平の豊年祭（1970年代）
右端が祖父・政輝

踊をやらないか」と、祖父・政輝はちょくちょく勧めていたという。なぜなら、三線を弾いても踊る人がいなければ楽しくないという政輝の思いがあったからだ。このように、新垣家の人びとは郷土の伝統芸能にたけており、そういった環境のもとで順子は育つこととなる。

トミ子が結婚して一年後の一九五一年四月二八日、芸達者ぞろいの新垣家に順子が誕生した。生まれてから数年間は一一名という大所帯のなかで順子はすくすく成長した。奇遇にも、順子が満一歳の誕生日を迎えた一九五二年四月二八日は「サンフランシスコ講和条約」[28]が発効された日であり、順子の生い立ちは沖縄の祖国復帰運動のあゆみとともにあったといっても過言ではない。この講和条約をもって日本国民の主権は回復したのだが、沖縄の主権は回復されなかった。それどころか沖縄側からすれば、この条約によって沖縄が日本から決定的に切り離されたのであり、沖縄が引き続き米国の統治下に入ることが確定した事件だった。このような経緯から、かつて沖縄では四月二八日を「屈辱の日」と呼んでいた。そして沖縄の主権回復については、さらに二〇年後の一九七二年五月一五日の復帰の日まで待つこととなる。トミ子は戦後まもなく東風平小学校に着任し、[29]一九五二年七月に同校の復興校舎が竣工した。戦後の一からの出発のなかで、東風平村で教育が立ち上がっていくことへの想いを、トミ子は次のように寄せ書きに綴っている。[30]

前を見て 堂々とそびゆる 我が校舎　教えを受くる たのしさよ

順子の物心がつく頃には、同居していた六名の叔父や叔母たちは次々に結婚して家を出て行き、最終的には祖父と祖母、父母と順子の五名家族となった。小学校教諭だったトミ子は、順子が生まれてからも引き続き教員として勤務していたため、連日朝から晩までたいへん多忙だった。

幼稚園時代から小学校低学年のころの順子が、日ごろよく口ずさんでいた童謡のひとつに《夕焼け小焼け》がある。ほかにも《七つの子》や《だるまさんがころんだ》などの童謡の数々は、順子にとって母の不在の時間の記憶とともにある。日々忙しかったトミ子は、ひとり娘の順子に淋しい思いをさせないようにと、童謡などの子どもの歌が収録された何枚ものSP盤レコードを順子のために用意した。加えて、順子の叔母のひとりは米軍基地内のPX[31]に勤めていたので、叔母がPXで購入したジャズのレコードなども順子は聴いていた。幼稚園そして小学校にあがったあとも帰宅後の順子は、毎日のように蓄音機を回して、そこから流れてくる数々のレコードを聴いて過ごし、また、それらの童謡を歌うことも大好きだった。

一九五〇年代後半のこと。トミ子は小学校での勤務を終えたあと、帰宅することもなく「四・二八の祖国復帰運動」の集会場所へと勤務校から直行していた。それは、ほぼ連日のことだった。復帰運動に取り組んできた母の時間の積み重ねは、レコードを聴いて過ごした幼少期の順子の時間の積み重ねでもあった。当時の学校教員のほとんどが「沖縄教職員会」[32]に加入していた。沖縄教職員会は、一九四八年一二月に結成された「沖縄青年連合会」とともに沖縄社会で各種団体が本格的に胎動する前に組織化されており、一九五〇年代の社会運動・復帰運動の中軸組織だった。[33]そういった社会状況のなかで、学校教員だったトミ子も復帰運動の推進者のひとりだった。

その後、小学校にあがった順子は、母・トミ子に手を引かれて音楽家・瀬底信子[34]先生の門をたたいた。それからというもの、小学一年生からピアノのレッスンに毎週通い、そして四年生になるとピアノのレッスンに加えて声楽も始めた。さらに十数年の歳月が過ぎ、順子はその音楽的資質を生かして中等学校の音楽教諭になることを志し、東京都品川区にある日本音楽学校[35]の教員養成課程に入学することとなった。

順子の進路が決まったとき、祖父・政輝は次のように言った。「なぜ、西洋音楽をやるのか？　オジー（祖父）でもピアノなんか弾けるよ」と順子に問いかけ、そして居間にあるピアノのほうへそろそろと歩み寄って、ド・

ド・ソ・ソ・ラ・ラ・ソ……と、鍵盤で音を探りながら《きらきら星》を弾いたという。それに続けて、「三線なら東京に持って行けるのに、ピアノは持って行けないだろう」と、政輝は言ったそうだ。地域の文化を大切にしてきた政輝は、西洋音楽一辺倒の学校教育に対して疑問を抱き、不服だったのだろう。政輝のその言葉を受けて、順子は三線を一丁たずさえて上京した。なぜなら、敗戦後の沖縄の人びとは、三線の代用として即席で作ったカンカラ三線[36]の響きに心を慰み、明日を生きる勇気を得てきたからである。その響きの先に戦後復興があったといっても過言ではない。

旅や浜宿い　草ぬ葉ぬ枕　　（旅は浜辺を宿にして　草の葉を枕にする）
寝てぃん忘らん　我親ぬ御側　　（寝ても忘れられないのは　我が親と過ごした日々）

これは、沖縄民謡《浜千鳥節》[37]の一節。当時の順子の心情に重なるものがあろう。東京でのひとり暮らしの淋しさをまぎらわせるためにも、順子の傍らには故郷を偲ぶ三線があった。そして祖父・政輝に関心を持ってもらうためにも、西洋音楽だけでなく郷土沖縄が誇る音楽文化も志したいと順子は思った。そして、「三線をやってやろう」と、その心に強く誓った。

上京後の順子は、沖縄出身であることを隠すことはなかった。復帰前の当時、日本本土での一般的な風潮として、沖縄の人は英語を喋るものだと誤解されていたり、「沖縄人」と呼ばれたりで、ある種の偏見が顕在した。それでも順子は、ある意味、沖縄のシンボルといえる三線を隠すことがなかった。蛇皮が張られていることがめずらしいこともあって、寮で一緒に暮らす仲間も三線を見たがり、ときには興味を持ってくれる友人に三線を貸したりもした。上京生活を通じて、順子は沖縄出身者として肩身の狭い思いをすることはまったくなかったという。プライドを持って堂々と生きる順子の姿勢は、沖縄県外の人びとにも好意的に受け止められたのだろう。

# 三　音楽教諭としての順子——音楽・郷土・平和

## （一）復帰後の教員として

日本音楽学校で学んだ順子は、東京都内で教員採用試験を受験した。一次試験では楽曲をアレンジする課題があった。そのときのことを、「大学時代に吹奏楽部でフルートとトランペットを演奏していた経験が大いに役立った」と、順子は回想する。そして当時、順子はみずからの気持ちが「地元」にあることを強く自覚していた。「教員になったら母校に行きたかった、地元で必要とされている」と感じたと、順子は振り返る。

沖縄が本土復帰を果たした翌年の一九七三年四月、めでたく志望がかなって、順子は沖縄県島尻《しまじり》地区の中学校教諭に採用された。そして教師となった順子の初任地は、那覇から西へ三〇キロ離れた渡嘉敷《とかしき》島[38]にある渡嘉敷小中学校だった。沖縄戦当時、渡嘉敷島では集団自決[39]が図られた。沖縄本島だけでなく、この小さな島にも戦争の爪痕が深く残される。渡嘉敷島での集団自決は一九四五年三月二八日に決行され、三二〇余名の島民がみずからの手で命を絶った。それを間近で目撃した島民の証言によれば、夫がみずからの妻や子どもに手をかける者もあって、筆舌につくしがたいほどの壮絶で残忍な光景だったことがわかる。[40] この島のことを知ろうと思えば、沖縄戦当時の出来事がひしひしと重くのしかかってくるだろう。順子は着任後、学校の仕事が休みとなる週末のたびに山歩きに出かけ、この島を一周した。集団自決があった壕やガマをめぐった。「ほんとうに、この場所で集団自決があったんだね」と深く心に感じて刻み込み、それから二度とその場所に足を運ぶことはなかった。

渡嘉敷小中学校に勤務していたある日のこと。トミ子が突然、「〈ひめゆり学徒 慰霊祭〉に行きたくない」と言い出したのだった。そう言い出すまでの二〇年間以上にもわたって、トミ子は毎年六月二三日に開催される「ひめゆり学徒隊 慰霊祭」に欠かすことなく参列していたし、そして慰霊祭を控えて、ひめゆりの塔の掃除も欠かすことなくおこなっていた。順子がその理由を尋ねると、「亡くなった旧友の親族と顔を合わせるのが辛い」と、トミ子はいう。慰霊祭の場で旧友を悼む深い気持ちの一方で、旧友の親族への後ろめたい気持ちがあって、これまでずっと、やりきれなさを感じていたのだった。

それでもトミ子は、「ひめゆり平和祈念資料館」[41]の建設の際には、動員された旧友たちの顔写真集めにも尽力した。現在、ひめゆり平和祈念資料館内で、在りし日の旧友たちひとりひとりの写真が、輝かしい笑顔とともに展示されている。

## (二) 中学校現場の整備と郷土音楽の実践

一九七六年の春、順子は具志頭《ぐしかみ》中学校に転勤した。前任校の渡嘉敷小中学校で実践してきたことと同様に、転勤したら順子は手始めに着任校の音楽室の整備に取りかかった。ギターの弦の張り替えや修理、そして郷土の楽器を備品としてそろえるのは当時としては異例だったが、順子は三線の調達をした。それは例年、新学期の授業が始まる前の春休み期間の仕事だった。なぜなら、環境はそこで暮らす人びとの心を映し出す鏡だと順子は考えていたからだ。教室が荒れた状態だと生徒の心も落ち着かずに荒れてしまうというのが順子の持論である。それらの整備作業と並行して、具志頭中学校時代の順子は三線を授業に導入することを試み始めた。そんな順子の教育実践は日本の教育界の動きをリードし、時代の一歩も二歩も先を歩むものだったといえよう。

ちなみに文部科学省が日本の伝統音楽や和楽器を学校教育に導入しようと動き出したのは、順子の三線導入の実践から、なんと二〇年後の一九九六年のことだった。同年、中央教育審議会答申において「国際化と教育」が掲げられ、国際化推進を背景として「日本伝統文化の学習」ならびに「和楽器体験の必修化」の方向へ、学習指導要領も整備される運びとなる。瀧明知恵子によれば、「学習指導要領は、一九四七年以来、西洋古典音楽を学校音楽教育の基本として組み立てられてきており、この指導要領の改訂は、大きな音楽科教育の転換であった」[42]と指摘したうえで、「日本の伝統音楽については、実際には様々な要因から、授業において歌唱や器楽など表現の活動として扱われることは、まだまだ少ないのが実状である」[43]と述べる。

順子ならではの授業実践においては、西洋音楽ばかりでなく邦楽や郷土沖縄の音楽も等しく価値あるものだという価値観や思想を読み取ることができる。そして、なかんずく順子がそのように考えるようになった背景には、まぎれもなく祖父・政輝の存在があった。幼少期から祖父と一緒に暮らすなかで、祖父の教えが順子にも次第に刻み込まれてゆき、西洋一辺倒ではない文化相対主義的な価値観が形成されていったと考えられる。

そして、沖縄の伝統楽器のなかでも、とりわけ「三線」を授業に導入した理由について、順子は次のように考えていた。順子が暮らす八重瀬町東風平集落で伝承されるエイサーは二種類あり、そのひとつは他地域から輸入された古式ゆかしいスタイルのもので、もうひとつは創作エイサーである。前者は沖縄本島中部にある平敷屋《へしきや》地域のエイサー・スタイルを戦後に導入したものであり[44]、一般的に「パーランクーエイサー」と呼ばれる[45]。後者は東風平青年会が独自に創作したものであり、当初は大太鼓、締太鼓、パーランクー[46]等で編成されており、大音量で鳴り響くエイサーだった。ところが、青年会メンバーの練習は夜の時間帯におこなわれるので、大音量はよろしくないと考え改めて、現在では創作エイサーもパーランクーのみで演じるようになったという。

そこで順子は、この地域の生徒たちがすでに地域の伝統行事を通じて太鼓類の実演を体験しているという実状を踏まえて、エイサーで使用されるパーランクーや太鼓などの郷土楽器については、あえて学校の授業で取り入れなくてもよいと判断した。そうなると、学校の音楽の授業で体験させないといけないものは必然的に弦楽器となり、郷土楽器では「三線」という方針をとった。そういった独自のゆるぎない方針のもとで、順子は中学校三か年間の音楽教育において「三線」および「ギター」そして全国共通で必修される管楽器の「リコーダー」を三本柱として、生徒に取り組ませたのだった。

## (三) 生きている時間を大切にしたい

### ① 「平和行進」への想い

「五・一五平和行進」は、沖縄の本土復帰から六年後の一九七八年にスタートして以来、毎年沖縄本島内で開催

図3-4　5.15平和行進の様子
（出典）沖縄平和運動センター（岸本喬氏所蔵）

されてきた。現在も続いており、復帰五〇周年となった二〇二二年に第四五回を迎えた。[47] スタート当初の開催目的は、日本への返還から五年を経ても変わらぬ「基地の島、沖縄」の内実を問うことにあった。当初の行進ルートは沖縄本島南部の激戦地・摩文仁《まぶに》の丘をゴールとして、出発地は与儀《よぎ》公園（那覇市）の他にも複数あったそうだ。[48] その後、その時々の沖縄の基地問題の状況に応じて、平和行進のルートは変化をみせてきた。平和行進団には地元沖縄の人びとのみならず、全国からやってきた教員仲間も参加していた。[49]

みずからが顧問として率いる吹奏楽部の教え子たちに対して、平和の尊さを考えてほしい、そして彼らの心に平和の意味を刻み込んでほしいという思いを抱き続けていた順子にとって、「五・一五平和行進」は個人の思想としてのみならず教育活動の一環としても大切なものだった。政府や政党を超えて、同じ人間として、どうしてこのような行進をするのか、そのことを、せめて吹奏楽部の生徒たちにはじかに見てほしかったし、その意味について考えてほしかった。

「五・一五平和行進」の行進ルートと一部重なる具志頭《ぐしかみ》中学校や東風平《こちんだ》中学校、玉城《たまぐすく》中学校に順子が赴任していた当時、五月一五日は平日に当たっていた。もし、土曜日や日曜日であれば休日なので何の問題もなかったはずだが、そこで順子は事前に勤務校の校長や教頭に許可を願った。それは平日の授業を中断し、沿道で吹奏楽部の部員とともに平和行進団への激励演奏をするための許可だった。その申し出に対して、当時の校長や教頭の多くは順子の気持ちを受け止めてくれ、理解を示してくれたという。そして平和行進の当日、順子は学校近隣の行進ルート沿いの陸橋で吹奏楽部員とともに待機し、吹奏楽の演奏で平和行進団一行を歓待し、激励した。そして、行進団の姿が見えなくなるまで演奏を続けたのだった。

五月一五日は、沖縄の戦後の歴史そして沖縄問題を全国の人びとともに考えるうえで、きわめて重要な日である。そういったかけがえのない日に、平和行進団へ激励の意を表する歓迎演奏の経験を通じて、順子は吹奏楽部の教え子たちと一緒に平和について考えたい、そして次世代を担う彼らが地域や世代を超えて平和を考えるきっかけとなってほしいと願った。

### ②御田植芸能の復活にかけた想い

#### 「献穀田御田植式」とは

近世琉球の時代から沖縄本島南部の玉城、大里、糸満、本島北部の羽地や大宜味、国頭、離島の久米島や伊平屋島などの河川のある流域では稲作がおこなわれていた。ところが戦後になると、一九六〇年頃を画期として、甘藷（サツマイモ）や米などの食料の生産を中心とする自給的な農業から、サトウキビやパインアップルの生産を中心とする商業的な農業へと変貌した。[50] そして、この時期以降、サトウキビ・ブームの到来や安価な外国産米の輸入によって、沖縄県内での稲作が大幅に減少していった。したがって現在、かつて県内各地で稲作がおこなわれていたことを知る人は決して多くない。

戦前の沖縄社会では「献穀田御田植式」という神事が一九二九（昭和四）年から一九四四（昭和一九）年にかけて毎年、春先に欠かすことなく執りおこなわれていたことが諸々の記録に残されている。[51] この御田植式は全国共通の神事として都道府県単位でおこなわれたもので、毎年一一月に宮中行事として執りおこなわれる「新嘗祭」へ献上するお米を収穫するための予祝行事である。そこでは、《献穀田御田植歌》[52]の歌声が斎田いっぱいに響き渡るなか、厳格な雰囲気のもとで御田植が粛々とすすめられた。そして御田植が完了すると、ふたたび《献穀田御田植歌》の歌声にのせて《献穀田御田植踊》が奉納された。

## コラム 《献穀田御田植歌》の作者

日本社会では、例年一一月に行われる宮中行事・新嘗祭へ献上するお米の苗を植える「献穀田御田植式」が現在も開催されている。その御田植式で歌われる田植歌を《献穀田御田植歌》あるいは《神饌田御田植歌》と呼び、昭和初期に都道府県ごとに一曲つくられた。沖縄県下でその制作にあたったのが作詞・神田精輝（以下、精輝）（一八九四―一九三九）、作曲・宮良長包（以下、長包）（一八八三―一九三九）だった。この歌がつくられた当時、作詞の精輝は沖縄県立第三高等女学校の校長であり、作曲の長包は沖縄県師範学校の教諭だった。全国的な傾向として、当該県の師範学校教諭をはじめとする教育関係者が御田植歌の制作にかかわったようである。

精輝そして長包の出身地は沖縄本島から南西へ約四百キロメートルに位置する八重山郡石垣島であり、「民謡の宝庫」とよばれて久しい地域だ。長包の作曲作品は大半が歌曲で、ジャンルとしては童謡や唱歌、芸術的歌曲、民謡のアレンジ曲や団体歌などを中心に百数十曲を超える（大山伸子（編）『宮良長包作曲全集　生誕120周年記念』琉球新報社二〇〇三）。そんな長包は「沖縄音楽の父・沖縄音楽のパイオニア」として戦後の沖縄社会で評価され、その顕彰の意を込めた「宮良長包音楽賞」（琉球新報社主催）が二〇〇三年に創設され、現在も続いている。

宮良長包の歌曲集『琉球の新民謡』
三木楽器店、1936年7月30日発行

長包は肺結核を患い、一九三九年に他界した。しかも生前の彼が勤めた沖縄県師範学校のキャンパスは第三二軍司令部のお膝元に位置し、沖縄戦の空襲で彼の作曲作品は楽譜もろとも焼失してしまった。けれども戦後復興いち早く、すでに亡き恩師の歌曲をガリ版刷りで復活させたのは、学校教員となった長包の教え子たちだった。彼の歌曲の数々は「長包メロディ」と称され、戦後復興の時代も口ずさまれてきた。その旋律は、沖縄の人びとの傷ついた心を慰み、明日に向かって生きる勇気の源となったのである。

## 御田植芸能の断絶

ところが、太平洋戦争後の沖縄は日本社会から切り離されてしまい、しかも二七年間にわたる米国統治下におかれたため、「献穀田御田植式」とそれに付随する御田植芸能は社会的基盤を失い、途絶えてしまった。加えて、日本で唯一地上戦を経験した沖縄では多くの民間人が犠牲となったため、先の大戦を導くことにつながったと考えられる皇民化教育と、それを促進させた戦前の文化や行事を顧みる風潮などなく、同様の考えから皇室や皇族に対しても否定的な感情をもっていた人も少なくなかっただろう。

そのことを如実に示す事件として、まず、「ひめゆりの塔事件」が思い起こされよう。沖縄国際海洋博覧会の開催に際して、一九七五年七月一七日、皇太子明仁親王（当時）ならびに同妃・美智子が皇族として戦後初の沖縄訪問を果たした。この年、順子は渡嘉敷小中学校での勤務三年目だった。皇太子夫妻は来沖初日に、ひめゆり学徒隊が眠る「ひめゆりの塔」（沖縄県糸満市）を訪れ、慰霊の献花を捧げた。ちょうどそのとき、付近のガマ（洞窟）に潜んでいた二人組の新左翼活動家が突然現れて、一方が放った火炎瓶が皇太子の近くで燃え上がったのだった。[53]

さらには、一九八〇年代以降に顕著となる「国旗・国歌問題」も思い起こされる。藤澤健一が、「〈日の丸〉と《君が代》のない、卒業式などの学校行事は沖縄の一定の年齢層において多くの場合、共通の記憶となっている」[54]と述べるように、一九八〇年代の沖縄の学校現場では天皇制を象徴する事象に対して拒否する風潮がきわめて強かった。[55] そして一九八七年に開催された海邦国体への態勢づくりを推進する西銘順治県政と沖縄県教職員組合をはじめとした関係団体とが対立することとなり、学校の内外は混乱をきたした。加えて、海邦国体のソフトボール会場となった読谷村では、「日の丸の焼き捨て事件」が起こった。そのことは、まさに天皇制や皇室に対する批判的態度の表れだろう。この事件が起きた一九八七年、順子は糸満中学校へ転勤して二年目を迎えていた。

## 御田植歌の復元経緯

戦後の沖縄社会では、皇民化教育につながる戦前の文化に否定的な風潮にありながらも、献穀田御田植芸能が

図3-5　戦前の御田植光景

（出典）『沖縄教育』1932年4月号、トビラ

二〇世紀末に復活を遂げたのだった。その復活劇の立役者が、ほかでもない順子だった。

それは、順子が玉城中学校に勤務していた一九九四年のことだった。勤務校区で「公民館まつり」が開催され、そのなかで玉城村にかかわる写真展も開催されていた。そこでは戦前の玉城村の光景を映し出した写真の数々が展示され、一九四四年当時の「献穀田御田植式」の模様を伝える写真もあった。この写真展を見にきた、とあるご婦人が、「この写真に私が写っている」と言った。順子には、そのご婦人が母・トミ子と同じような年ごろに見えた。そこには、斎田に入って御田植をする一〇代後半のうら若き早乙女たちの姿が映し出されていた。「はじめに」で述べた通り、このご婦人は一九四四年に玉城村で執りおこなわれた「献穀田御田植式」における早乙女のひとりだった。そして、順子がよくよく尋ねてみると、この御田植式では御田植芸能（御田植歌と御田植踊）が奉納されていたらしい。そして、このご婦人のお孫さんは順子の勤務校である玉城中学校の生徒だという。

昭和初期以来、県内各地で奉納されてきた御田植芸能が、太平洋戦争まっただなかの一九四四年に、玉城の地で奉納され、そして、ここ玉城に住む少女らが早乙女を務め、この芸能を継承したという事実を知ったとたん、順子はある想いに駆られた。それは、ぜひとも当時の御田植歌と御田植踊を復元してみたい、そして、この地に復活させたいという並々ならぬ想いだった。そこで順子は、日を改めてそのご婦人に連絡をとって再会し、戦前の御田植芸能を復元し、復活させたいという気持ちを伝えた。順子の気持ちと提案を聞いて、ご婦人は次のように語った。

この半世紀の間、献穀田御田植式については、ずっと口をつぐんできました。話してはいけないこと、タブーだと思いますから。

そしてご婦人は、順子の提案に対して躊躇し、かたくなに拒んだのだった。ご婦人のそういった言葉や態度の背景には、次の思いがあったと考えられる。すなわち、戦前の献穀田御田植式で早乙女を務めたということは、天皇崇拝につながる戦前の行事の担い手だったということに他ならず、その事実に対して、沖縄の世論から風当たりを強く受けるのではないかということを懸念したのではないか。そして、だからこそ、順子の提案に対して手放しで賛成することができなかったのだろう。さらに、ご婦人は次のように続けた。

一九四四年の献穀田御田植式において、私をはじめ早乙女を一緒に務めた仲間たちとは、あれ以来、何十年にもわたってお互いに会うことすら避けてきたんですよ。

ご婦人のこの言葉を聞いた瞬間、順子は母・トミ子のことを想った。このご婦人をはじめ、一九四四年当時に早乙女を務めた玉城村の女性たちが、戦後何十年にもわたって重荷のように、心の枷となって抱え続けてきた気持ち。それこそ、トミ子がずっと抱え続けてきた気持ち――ひめゆり学徒隊として従軍看護にあたり、そして若くして帰らぬ人となった一高女の多くの同級生や先輩たちに対する申し訳なく、後ろめたい気持ち――と、まったく同質のものなんだと。順子はそのことに気づかされた。そして彼女らが、これまで長年、抱え続けてきた気持ちを決して封じ込めることなく、これからはいきいきと生きてほしいと願った順子は、このご婦人に精一杯の気持ちを込めて、次のように語った。

御田植芸能を復活させることはタブーなことではなく、むしろ戦争の時代を経て、いまの時代を生きる私たちが希求してやまない、生命の尊さ、平和の尊さを後世へと伝えることになるのではないでしょうか……。

図3-6　楽譜

（出典）『沖縄教育』1932年4月号、ページ数記載なし。

順子の心の底からの、そういう切実な想いを何度も何度も伝えたことで、ようやく、このご婦人は、御田植芸能の復元と復活に納得されたのだった。

順子はそれからまもなく、このご婦人を介して一九四四年の「献穀田御田植式」で早乙女を務めた方々のうち十数名に集まっていただいた。そして元・早乙女メンバーのなかでも、御田植歌をよりよく記憶しているひとりのご婦人にお願いして《献穀田御田植歌》の歌唱旋律を歌ってもらい、順子はそれを聴き取って楽譜におこしたのである。

このような経緯のもと、御田植芸能の復元をめざす順子の取り組みを傍らで見ていた教職員のなかには「なぜ、そのようなことをするのか」と順子を強く批判し、反発する同僚もいたという。それでも順子はめげることなく、信念を貫き通したのだった。

## 御田植歌のスタイル

復元された《献穀田御田植歌》はどのような歌なのだろうか。その歌詞を書き出してみたい。

（一）今日は目出度や　名護町の（ヨラテコ　ヨラテコ）

献穀田の 御田植　（ヨラテコ ヨラテコ）
（二） われら乙女の 赤誠こめて （ヨラテコ ヨラテコ）
植ゆれば稲は 八束ほに　（ヨラテコ ヨラテコ）
（三） みのり捧げて いはひまつらん （ヨラテコ ヨラテコ）
とはにさかゆる 大御代を （ヨラテコ ヨラテコ）

**表3-1　献穀田御田植祭・戦前の実施一覧**

| 実施年月日 | 斎田選定地区 市町村・字 |
|---|---|
| 1929年 | 国頭郡国頭村 |
| 1930年4月5日 | 国頭郡羽地村字源河 |
| 1931年 | ※ |
| 1932年3月18日 | 名護町 |
| 1933年 | 玉城村 |
| 1934年3月15日 | 恩納村字恩納伊場 |
| 1935年3月14日 | 今帰仁村字平敷975番地 |
| 1936年3月18日 | 本部村字並里前川124番地 |
| 1937年3月19日 | 大宜味村字喜如嘉 |
| 1938年 | 名護町字真喜屋 |
| 1939年4月 | 国頭村字辺土名 |
| 1940年 | ※ |
| 1941年 | ※ |
| 1942年3月12日 | 中頭郡美里村字石川 |
| 1943年 | 知念村字志喜屋 |
| 1944年 | 玉城村字百名 |
| 1945年3月5日 | 大宜味村字田嘉里 |

表内の※印は情報なし。

歌詞形式は、七七・七五調の定型詩で三番まである。ただし、一番の歌詞の上句「なごちょうの」だけが七七ではなくて例外的に「七五」となっている点で破格が生じている。その理由は、御田植式に選定された御当地名がこの箇所に挿入されるためである。つまり、この楽譜は一九三二年の御田植式のために用意されたものであり、ちなみに、この年の斎田選定地は名護町だった（表3-1）。したがって一九四四年の御田植式では、その部分を「玉城村（たまぐすくむら）」と歌ったことになる。歌詞の内容については、一番では斎田の選定地が詠みこまれ、二番では早乙女が真心込めて植えた苗が実り多いものとなるよう願いが込められ、三番では秋には収穫の実りを捧げて祝賀する気持ちが込められる。[56]

ここではさらに、「ヨラテコ　ヨラテコ」という囃子詞にも注目したい。当時の田植の様子を伝える次の回想によると、この囃子詞は早乙女たちの所作と合致していたことがわかる。

> 田植歌に合わせて一人一人、田に入り、植え付けの体制を整え、全員が田に降りた時、高等科生徒の田植え歌に合わせて稲を植えた。まず歌に合わせて苗四本を一株として四株ずつを二回植えて足踏み替え、そして「ヨリテク《ママ》　ヨリテク《ママ》」の拍子に合わせて、足跡を手なおしし、また歌に合わせて植える。[57]

つまり、一列に並んで早苗を植えたあと、さらに次の早苗を植えるために早乙女たちはいっせいに一歩後退する。そこで、移動前の立ち位置についた足跡を消すために、早乙女たちはみずからの手で田んぼの表面をならしたのだった。その「田ならし」の所作が、囃子詞「ヨリテク《ママ》　ヨリテク《ママ》」のフレーズの箇所だったことになる。楽曲は四分の四拍子の一二小節構成で、旋律は日本各地の民謡やわらべ唄などの旋律にも多くみられる民謡音階[58]である。

## 「絆」の復活

御田植芸能の復元・復活は、結果的には人と人とのつながりを復活させた。御田植芸能の復元への取り組みを契機として、かつての早乙女たちは「早乙女会」を結成したのだった。そして、同会の活動は御田植芸能を復活させる当初の目的にとどまることなく、月一度の親睦の場（模合）を定例化させ、和気あいあいとした、若き日の「絆」を取り戻すこととなった。それはあたかも、お互いを「隔て《フィダティ》」てきた空白の期間を埋め合わせるかのようだった。彼女らが半世紀以上にもわたって、ひたすらに封じ込めてきた友情がこのようにして復活し、若かりし日のみずみずしい感性や想いが御田植芸能の復元・復活とともに昇華されたのだった。

表3-2　復活上演一覧

| 開催年月日 | イベント名 | 開催地 | 主催・後援 | 備考 |
|---|---|---|---|---|
| 1996年10月27日 | 生涯学習フェスティバル・第3回玉城村公民館まつり | 玉城村中央公民館（玉城村） | 主催：玉城村中央公民館、玉城村教育委員会、玉城村生涯学習まちづくり推進本部 | |
| 1996年12月23日 | 玉城中学校吹奏楽部第10回定期演奏会 | 玉城国民体育館（玉城村） | 主催：玉城中学校吹奏楽部 | |
| 2001年11月3日 | 第6回たまぐすく祭り | グスクロード公園（玉城村） | | 各字の伝統芸能として披露された。 |
| 2002年2月23日 | 第2回芸能祭 | 沖縄県立武道館アリーナ（那覇市） | 主催：沖縄県文化協会、南部地区市町村文化協会、琉球新報社<br>後援：沖縄県、沖縄県教育委員会、マスコミ各社 | |

### 奉納芸能から舞台芸能へ

順子が《献穀田御田植歌》の復元を果たしたあと、この曲にあわせて踊られる「献穀田御田植踊」もともに復活した。そして、献穀田御田植芸能は一九九〇年代から二〇〇〇年代初頭にかけて「早乙女会」が演じる舞台芸能として披露され、目的の異なるいくつかのイベント会場で上演された。戦前の日本社会では、いわば天皇制や皇民化教育を支えるためのツール、すなわち「奉納芸能」として機能していた献穀田御田植芸能が、戦後はその役割を脱ぎ捨てて「舞台芸能」と化し、広く村民や県民の間で享受されたのである。以下、開催ごとの詳細をみていきたい。

表3-2にみるように、戦後の復活上演は四回おこなわれた。詳細には、「生涯学習フェスティバル・第三回玉城村公民館まつり」「第六回たまぐすく祭り」のように玉城村が主催するイベントで披露され、さらに順子が率いる「玉城中学校吹奏楽部・第一〇回定期演奏会」でもアトラクションとして上演された。これらはいずれも玉城村の地域コミュニティ内での上演機会である。そのほか、コミュニティ外での上演機会は「第二回芸能祭」である。これは沖縄県文化協会が主催するもので、もはや順子が関与することなく、全県的なイベントのなかで献穀田御田植芸能が上演された。ここで確認しておきたい点は、これらの一九九〇年代から二〇〇〇年代初頭における復活上演が「早乙女会」メンバーのルーツとなる「玉城

村」に必ずしも限定されることなく、村内外で広く享受された点である。

そして、この時期の上演でとくに注目されるのは、この芸能の位置づけにあるだろう。元来、この芸能は県内各地で毎年持ち回りで執りおこなわれた「献穀田御田植式」で奉納されたものだった。したがって玉城村の人びとは、たしかに一九三三年および一九四四年限定の継承者ではあるが、この芸能がそもそも玉城村に由来するものでもなければ、玉城村に特有のものでもなく、沖縄県民全体で共有した芸能だった。[59] ところが、表3-2の「第六回たまぐすく祭り」の備考欄に示したとおり、同イベントでは、玉城村内の「各字の伝統芸能として披露された」のであり、そこで「献穀田御田植踊」は玉城村字百名の伝統芸能として披露され、字百名の芸能として村内の人びとに認識されていたのだった。ちなみに「字百名」は、一九四四年の献穀田御田植式の斎田選定地域である。

玉城村の人びとは戦後の復活上演にともなって、この芸能に何を託したのだろうか。それはすなわち、復活の際の実演者が一九四四年の継承地域・玉城村出身者（元・早乙女）だったので、外向けのイベントにおいては（本来は全県共有の芸能だったにもかかわらず）、「玉城村の芸能」として読み替えられた。その一方で、玉城村内の内向けのイベントでは、一九四四年の斎田選定地だった「字百名」という集落名を冠して披露された。つまり内向けイベントにおいては、戦前の御田植神事の原点性に回帰しようとする村民共有の歴史認識が強く働き、同時に村民共通の原点への想いが込められたと考えられる。

以上のように献穀田御田植芸能は、戦前の社会的意義とは異なる戦後の新たな文脈のもとで復活を遂げた。その復活には立役者である順子をはじめ、元・早乙女らの復活に関わった人びととの想いが込められ、そして復活した芸能を享受する人びとが、この芸能に何を託したいのかという想いも込められてきたのだった。

### （四）地元を盛り上げたい

祖父・政輝の後ろ姿を見ながら育ってきた順子。授業に三線を導入するなど、順子の価値形成において祖父からの影響が少なくなかった。さらには、「地域に貢献したい」という、かねてからの順子の想いも、祖父・政輝の生きざまから学んできたことだった。

順子の住む地元は現在、八重瀬町内の東風平である。「東風平」は、明治期の一九〇八年に東風平村として成立し、町制が施行された一九七九年一〇月一日に東風平町となった。[60] その際に、町制を記念して『東風平町民音頭』[61] が作曲された。この歌は同時に、戦前から戦後にかけて移民としてブラジルへ渡った東風平町出身者へ捧げる歌でもあった。[62] それというのも一九五〇年代当時の村長が「海外同胞の方々の予期以上の熱誠なる御声援と多額の御芳志に依り」[63] と述べるように、海外在住の町出身者らは戦後の復興校舎の建設や村出身の偉人・謝花昇の銅像建立の際に寄付をおこなうなど、つねに郷里へ心を寄せていた。そして、この歌がレコーディングされる運びとなり、順子は知念均とのデュオで歌い手に抜擢された。レコーディングは、《芭蕉布》で有名な作曲家・普久原恒勇のスタジオでおこなわれた。

さらにコミュニティソングとしては、具志頭村（現・八重瀬町）の玻名城集落にちなんだ《玻名城音頭》という歌がある。一九七六―八〇年当時、具志頭中学校に勤務していた順子は、自衛隊の関係者から盆踊り用へのアレンジを依頼された。それを受けて順子は《玻名城音頭》を吹奏楽用にアレンジし、具志頭中学校の吹奏楽部のレパートリーに組み入れたこともある。このように順子は、地元のイベントや行事の際に、地元の人びとから協力を求められたら快く引き受け、地元にちなんだ歌づくりの数々にも貢献してきたのだった。

ここでは最後に、二〇一一年三月に伊良波中学校（豊見城市）を最後に退職したあとの順子が、地元とどのように向き合ってきたのかについてみていきたい。

順子は現在、「地域の元気は、人生における最終団体である老人会から作り上げていかなければならない」という志を持っている。その考えも、祖父・政輝から受け継がれたものだ。それというのも、東風平地域の活動は年代順に、子供会・青年会・婦人会・老人会の各組織によって運営されてきた。村あそびや十五夜まつり、盆踊りなど、この数年間は新型コロナ感染症の流行によって、地域の人びとと一緒に楽しみを分かち合う機会がやむを得ず絶たれてきたが、最近は、ようやく少しずつ再開しつつある。

昨年の旧暦五月五日に「ぐんがちぐにち（五月五日）会」がおこなわれた。まだまだ制約がありながらも、地域の人びとが久しぶりに集う会となった。同会に出席した順子にとって、うれしく頼もしく感じることがあった。それは、この地域に住む若い世代が音楽を通じて平和を考えようとしていることを知ったからだった。同会では、地元の若手である新垣成世[64]を招聘し、彼女の歌声と音楽活動への想いが披露された。そこで新垣は、「琉球の音楽を歌って、奏でて、平和の取り組みをします」と誓ったという。そういう若い世代の言葉に順子はいたく共感し、励まされるとともに、そういう立派な若者がみずからの地元で育ち、幅広く活躍していることを実感し、心から喜びを感じたのだった。

## おわりに

最後に、順子という、ひとりの人間の精神性や価値観がどのようにつくられたのかを考えたい。母・トミ子の半生から、かけがえない命の尊さをかみしめることを学び得た。そのことは同時に、「生きている時間を大切にしたい」という切なる想いを順子の心に育んだ。生を尊ぶ価値観である。また、地域の人びととの繫がりを大事にして、地元を誇り、地元を盛り上げて生きることの大切さは、祖父・政輝をはじめとする新垣家の一員という環境から育まれたものだった。地域に支えられ、地域コミュニティのなかで世代ごとの役割を果たしながら、人は生きながらえるという哲学が、その根底にはある。そこで地域の芸能や音楽は、人びとの心と心をひとつにする大切なものとして継承されてきたのだった。

いきいきと生きることの尊さと、地域の文化を継承することの大切さという、この二つの価値観が順子の精神性に息づいていたからこそ、献穀田御田植芸能も復活をみたと考えられる。復活にあたっては、戦前の日本社会の象徴としての国家神道の精神性から脱却し、平和を希求する想いを込めた芸能へと「読み替え」られた。すなわち、芸能の意義の現代的転化である。それは同時に、元・早乙女たちが半世紀以上にもわたって抱え続けてきた気持ちが昇華された瞬間でもあった。

ひとたび途絶えた文化が「復活」するとき、そこには必ずと言っていいほど、本来その文化に込められていた社会的意義の「読み替え」が図られる。そして読み替えという行為には、その時々の復活に直接かかわってきた人びとの想いや願いが込められている。むろん、その想いや願いは、その時々の社会状況やイデオロギーと対峙しながら醸成されたものである。ここで言う読み替えという行為こそ、特定の文化が時代を超えて、あるいは地域を越えて継承されていくうえでの大切なポイントではないだろうか。

**注**

1　一九四五年は、大宜味村字田嘉里が斎田選定地域だった。播種式はおこなわれたものの、御田植式は米軍上陸と重なったため実施されなかった。

2　川武順子（かわたけ・じゅんこ　一九五一年四月二八日―）旧姓・新垣（あらかき）。沖縄県東風平村（現・八重瀬町）生まれ。本土復帰の翌年となる一九七三年、沖縄県島尻地区中学校教諭（音楽）として採用されて以来、初任地の渡嘉敷小中学校（一九七三年―）を皮切りに、具志頭中学校（一九七六年―）東風平中学校（一九八一年―）、糸満中学校（一九八六年―）、玉城中学校（一九九一年―）、東風平中学校（一九九七年―）、宜野湾中学校（二〇〇三年―）、伊良波中学校（二〇〇六―二〇一一年）で勤務した。

3　新垣トミ子（あらかき・とみこ　一九二九年―）旧姓・謝花（じゃはな）。沖縄県東風平村（現・八重瀬町）生まれ。近代沖縄での自由民権運動家・謝花昇（一八六五―一九〇八年）の一族にあたる。

4　新垣良欒（あらかき・りょうえい　一九二七年生、二〇一七年没、享年九二歳）。沖縄県東風平村（現・八重瀬町）東風平生まれ。戦時中は農兵隊で、農兵隊解散後は久志村に潜伏していた。

5　筆者による川武順子氏へのヒアリングに基づく（実施日：二〇二一年六月一〇日、於沖縄県南風原町）。名護市史編さん委員会（編）『名護・やんばるの沖縄戦　名護市史本編・三』名護市役所、二〇一六年、四九八頁。

6　沖縄大百科事典刊行事務局（編）『沖縄大百科事典』沖縄タイムス社、一九八三年、上巻、四六二頁。

7　古波蔵駅のあとの停車駅は、真玉橋―国場―津嘉山―山川―喜屋武―稲嶺―屋宜原―東風平―与那城―高嶺―兼城―糸満（終点）である。

8　とっさに列車から飛び降りた女学生二人と乗務員一人の、三人だけが助かった。

9　「目撃者『ごう音と黒煙』軽便鉄道爆発事故から七七年　南風原町でピースウォーク」『琉球新報』二〇二一年一二月一四日（https://ryukyushimpo.jp/news/entry-1439175.html）アクセス日二〇二二年七月二三日。

10　同校の前身は一九〇〇年「私立沖縄高等女学校」として創立し、一九〇三年「沖縄県立高等女学校」へと公立化する。その後、県内に二つの公立高等女学校が設置されたため、「沖縄県立第一高等女学校」へと改称した。高等一年から高等五年までの五か年制で、就学年は一二歳―一七歳だった。

11　国場駅から東風平駅までは六駅。その列車には、東風平駅よりも先に位置する玉城村、具志頭村、糸満村の人びとが乗車していたという。つまり混んでいたため、その日の乗客は与那城駅―高嶺駅―糸満駅を目的とした人びとに限られていた。

12　沖縄大百科事典刊行事務局、前掲注6に同じ、下巻、三一四頁。

13　同前、三一四頁。学徒動員要請後の経緯は次の通り。ひめゆり学徒隊の上級生は一九四五年一月から看護法の講義を受けた。三月二四日に米軍の上陸が確実となったので、それまで寄宿舎にいた全員は動員の用意を整えて二五日沖縄陸軍病院に向かった。四月二〇日以来激戦が続き、砲爆弾がいっそう熾烈となり、後送されてくる負傷兵の激増に伴って、二四日、全生徒隊の編成替えがおこなわれた。五月二四日、米軍の南風原侵入によって学徒隊は摩文仁（現・糸満市）に向かう。六月一〇日、米軍の進撃急になり死傷者が増えた。一八日、敵戦車が来襲するに及んで、病院長代理佐藤少佐は職員の嘱託を解くと同時に、動員学徒に解散を宣した。

14　東風平町史編集委員会（編）『東風平町史――戦争体験記』東風平町、一九九九年、五七三頁。日本軍からの疎開に関する詳細な指示は次のとおり「⑴六十歳以上の老人及び国民学校以下の小児を昭和二十年三月までに疎開させる。軍は北行する空車両及び機帆船をもって疎開を援助する。⑵その他の非戦闘員は戦闘開始必至と判断する時機に軍の指示により一挙に北部に疎開する」

15　八重瀬町教育委員会（編）『八重瀬の沖縄戦資料収集調査事業調査報告書』八重瀬町役場、二〇二一年、二〇〇頁。米軍は那覇・南部戦線において、右翼に海兵隊、左翼に陸軍を配置して南下していった。一九四五年五月末に与那原から首里にかけて防衛線を撃破すると、六月一日からは摩文仁（現・糸満市）に撤退した第三二軍を追尾するため南部への進軍を開始した。

16　東風平町史編集委員会、前掲注14に同じ、五七三頁。

17　新垣トミ子「戦争体験記――トミ子・昭和十七年より」（私家版）、二〇一五年、二頁。

18　同前、二頁。

19　同前、三頁。

20　読谷村史編集委員会（編）『読谷村史』読谷村役場　第五巻資料編4・戦時記録・上巻、二〇〇二年、八〇頁。

21　東風平町史編集委員会、前掲注14に同じ、四六九―四七〇頁。戦死したトミ子の家族については「沖縄戦にかかわる戦没者調査」に次のように記されている。謝花信（母　明治三七年生、糸満にて昭和二〇年六月一二日被爆）、謝花浩栄（弟　昭和八年生、糸満にて昭和二〇年六月一二日被爆）、謝花博（弟　昭和一四年生、糸満にて昭和二〇年六月一二日被爆）、謝花ヨシ子（妹　昭和一六年生、

22　糸満にて昭和二〇年六月一二日被爆)、謝花信子(妹 昭和一八年生、糸満にて昭和二〇年六月一二日被爆)。ＰＤＦ電子版ダイジェスト・ブック『ひめゆり――ひめゆり平和祈念資料館』財団法人沖縄県女子師・一高女ひめゆり同窓会、二〇〇四年、二頁。(https://www.himeyuri.or.jp/JP/etc/digest_book.pdf)アクセス日二〇二二年七月二四日。沖縄陸軍病院に動員された教師・学徒二四〇人中一三六人、在地部隊その他で九〇人が亡くなった。

23　同前、七頁。(https://www.himeyuri.or.jp/JP/etc/digest_book.pdf)アクセス日二〇二二年七月二四日。ひめゆり学徒隊では、三月の動員から解放命令を受けるまでの九〇日間の犠牲者が一九名であることに対し、解放命令後のわずか数日で一〇〇名余が亡くなった。

24　東風平村(編)「我が村の今昔」『復興記念誌』一九五二年。

25　新垣政輝(あらかき・せいき　一九〇四年生、一九九八年没、享年九四歳)。沖縄県東風平村(現・八重瀬町)東風平生まれ。

26　沖縄大百科事典刊行事務局、前掲注6に同じ、下巻、六六〇頁。毛遊び・モーアシビーは沖縄各地で広くおこなわれた男女交際の一方法。主として原野(毛)がその場所となったため「毛遊び」と称した。参加資格は男女とも一人前とされる一四―一五歳から結婚するまでで、結婚すると参加しなくなる。

27　一九五二年ごろから普及したラジオ放送共同聴取施設(Group Listening System)。一般に〈音の配給〉と呼ばれた。当時、沖縄には米軍政府のラジオ放送局が放送をおこなっていたが、電力事情は悪く、ラジオセットも高価(一台三〇〇〇B円)なため、受信機数は微々たるものだった。そのため米軍政府はガリオア援助資金で共同聴取施設を各市町村に設置し、そこから各家庭に有線で流された。沖縄大百科事典刊行事務局、前掲注6に同じ、上巻、六二六頁。東風平村での設置は一九五四年六月三日であり、他村よりも遅かったが、設置戸数では他村よりも多かった。知念善栄(編)『東風平村史』東風平村役所、一九七六年、八二八―八二九頁。

28　「対日平和条約発効により、日本と各連合国との戦争状態は終了し、日本国民の完全な主権が承認されました。しかし、同条約第三条は「日本国は、北緯二十九度以南の南西諸島(琉球諸島及び大東諸島を含む。)孀婦岩の南の南方諸島(小笠原群島、西之島及び火山列島を含む。)並びに沖の鳥島及び南鳥島を合衆国を唯一の施政権者とする信託統治制度の下におくこととする国際連合に対する合衆国のいかなる提案にも同意する。このような提案が行われ且つ可決されるまで、合衆国は、領水を含むこれらの諸島の領域及び住民に対して、行政、立法及び司法上の権力の全部及び一部を行使する権利を有するものとする」としました。実際には、米国が南西諸島等の信託統治について国際連合に提案をすることはないまま、一九七二年(昭和四七)五月一四日まで米国の直接統治が続きました」(沖縄県公文書館ＨＰ https://www.archives.pref.okinawa.jp/news/that_day/4561)アクセス日二〇二二年七月九日。

29　東風平村、前掲注24に同じ、「東風平小学校沿革誌」。東風平小学校へのトミ子の着任は一九四七年六月で、五年五か月間在職した。

30　同前、「祝・校舎建築竣工」。

31　沖縄大百科事典刊行事務局、前掲注6に同じ、下巻、二七六頁。ピーエックスは米軍が将兵を対象に駐屯地(基地)内で運営している売店の通称。Post Exchange の略。米軍人・軍属とその家族を対象に、日用雑貨・衣類・子ども用品・レジャー用品・電化製品などを販売している。

32 櫻澤誠「一九五〇年代沖縄の地域における教員の役割について――社会運動の基盤形成を軸に」『立命館大学人文科学研究所紀要』九〇号、二〇〇八年、一八一頁。一九五二年四月に結成された「沖縄教職員会」は、従来あった半官半民的な「沖縄教育連合会」を自主自立の組織とするべく改組したものだった。労働組合ではなく法規上は社団法人であり、職能団体的組織である。幼稚園から大学まで、校長から事務員までの全教職員や文教行政関係者までが加入する網羅的組織だった。

33 同前、一七七―二〇四頁。

34 瀬底信子（せそこ・のぶこ）は元・琉球大学教員。《沖縄健児の歌》（作詞：安見福寿・山本当勇）の作曲者。聖教新聞社（編）『希望のうたごえ――愛唱歌選曲集　ピアノ伴奏譜付』第一集、一九九六年、七〇頁。

35 山田源一郎が一九〇一年に創設した日本で最初の私立音楽学校「音楽遊戯協会講習所」が前身で、一九二七年、音楽教育と幼稚園教員養成を二本柱とする「日本音楽学校」へ改称した。東京都品川区にあったが、二〇一〇年三月三一日廃校となった。日本音楽学校（http://www.nichion.ac.jp/）アクセス日二〇二二年八月二七日。

36 沖縄大百科事典刊行事務局、前掲注6に同じ、上巻、七八九頁。空缶を胴材に利用した三味線。子どもたちの玩具として戦前にもあったが、とくに終戦直後の捕虜収容所で盛んに用いられた。米軍支給の缶詰の空缶と、ありあわせの棒切れを棹にし、落下傘のひもを絃に使用した。

37 ひとり故郷を後にして慕る郷愁を、浜辺で悲しそうに啼く千鳥の姿にかさねて詠まれた歌曲。

38 沖縄県島尻郡渡嘉敷村。慶良間諸島の東端に位置する。

39 沖縄大百科事典刊行事務局、前掲注6に同じ、中巻、三七四―三七五頁。沖縄戦中に激戦地区で発生した集団自決。米軍に包囲された壕内での将兵の自決、野戦病院の撤退時における重傷病兵の自決処分、学徒隊、義勇隊、防衛隊の自決なども含まれるが、圧倒的に多いのは非戦闘員すなわち一般住民の集団自決であり、一般住民を戦闘にまきこんだ沖縄戦のもっとも特徴的な事件の一つ。

40 「沖縄戦の『集団自決』とは何か？一九四五年三月二八日、渡嘉敷島で――。」金城重明さんの証言より（https://www.vice.com/ja/article/gy3ayb/okinawa-1945-3-28-kinjo-interview）アクセス日二〇二二年八月二七日。なお、渡嘉敷島での集団自決の証言については次が詳しい。渡嘉敷村史編集委員会（編）『渡嘉敷村史 資料編』渡嘉敷村役場、一九八七年、三六九―四〇九頁。謝花直美『証言 沖縄「集団自決」――慶良間諸島で何が起きたか』岩波書店、二〇〇八年。行田稔彦『わたしの沖縄戦①「集団自決」なぜ――いのちを捨てる教育』新日本出版社、二〇一三年、四二―六七頁。

41 戦争の悲惨さや平和の大切さを後世へ語り継ぐために、一九八九年六月二三日に開館した。ひめゆり学徒の遺品、写真、生存者の証言映像などが展示されている。所在地は激戦地だった沖縄県糸満市字伊原。

42 瀧明知恵子「小学校音楽科の伝統文化尊重における一考察――和楽器伝承における視点から」『奈良学園大学紀要』第九号、

二〇一八年、一〇〇頁。

43 同前、一〇〇頁。

44 東風平におけるエイサーの導入については、次の見解がある。「八重瀬町東風平青年会は、二〇〇八年に宜野湾市我如古青年会からエイサーを教わりました。因みに我如古青年会は、戦前にエイサーが途絶えた為、一九七八年にうるま市与那城青年会から与勝地域のパーランクーエイサーを伝授されました」（https://www.okinawan-lyrics.com/2022/08/eisa-dance-at-kochinda-2.html）アクセス日二〇二二年九月四日。また、沖縄本島南部におけるエイサーの伝播状況に関して、コンクールの影響という観点から、久万田は次のように指摘する「六〇年代にはコンクール初期の優勝団体を輩出した与勝地域のパーランクーエイサーが多く南部地域にも伝わった。さらに、一九七〇年代以降は沖縄本島中部地域で支配的な大太鼓・締太鼓エイサーも多く南部地域にも伝わった」久万田晋・三島わかな（編）『沖縄芸能のダイナミズム――創造・表象・越境』七月社、二〇二〇年、二七七頁。「もともとエイサーが盛んでなかった本島南部地域の、これからエイサーを始めようとする若者たちにとって、全沖縄的なエイサーコンクールの場で活躍し、高評価を受けるパーランクーエイサーに憧れ、そのスタイルを習得してみたいと考えるのはごく当然のことであると思われる」同前、二八一頁。

45 伝統的なエイサー・スタイルの四種類については、次のように分類される。①太鼓エイサー、②パーランクーエイサー、③男女の手踊りエイサー、④女エイサー。同前、二五六―二六〇頁。

46 ドーナツ状の木の胴の片側に、牛皮を鋲止めした直径二〇センチ程度の太鼓。木製の棒状の一本のバチで叩いて演奏する。

47 新型コロナウイルスの影響で、二〇二〇年、二〇二一年が中止となったため、二〇二二年は三年ぶりの実施となり、約一〇〇〇人が参加した。「沖縄タイムス」二〇二二年五月一六日九時〇〇分配信（https://www.okinawatimes.co.jp/articles/-/958417）アクセス日二〇二二年七月一六日。二〇二二年の第四五回は沖縄本島内だけでなく宮古島でも平和行進が行われた。

48 本島南部コースの他に、第二回の平和行進・西コースは名護市役所旧庁舎（現・名護市博物館）を出発地とし、第一八回は北部東コースでも行進された（岸本喬「沖縄平和行進とは？　その歴史と意味を振り返る」『平和フォーラム――核も戦争もない21世紀を目指して』平和フォーラムHP　二〇二〇年五月一日配信（http://www.peace-forum.com/newspaper/200501d.html）アクセス日二〇二二年七月一六日。さらに第四五回は、米軍普天間飛行場や嘉手納基地を巡る本島中部の約九キロ（出発地：宜野湾市民会館前、ゴール：沖縄市の八重島公園）「基地の島沖縄コース」を巡った。沖縄平和運動センターHP（http://www.peace-okinawa.net）アクセス日二〇二二年七月一六日。

49 行進団は、日本教職員組合をはじめ労働組合や平和団体などの県内外のメンバーで構成される。

50 沖縄県教育庁文化財課史料編集班（編）『沖縄県史』各論編・第七巻・現代、沖縄県教育委員会、二〇二二年、三二九頁。

51 三島わかな「歌の断絶と復活をめぐって―近現代沖縄の《献穀田御田植》を事例に」『ムーサ』第一九号、二〇一八年、四一頁。終戦の年となる一九四五年も「献穀田御田植式」を挙行する方向で準備が進められていた。同年は大宜味村が斎田の選定地域とされ、字田嘉里（平良内蔵助氏所有）の斎田が献穀田に指定された。一九四五年三月五日に「播種式」は執りおこなわれたものの、

52 地上戦の激化のため「御田植式」の実施には至らなかった。

53 作詞：神田精輝、作曲：宮良長包。

「革命家の思いは消えた――皇太子に火炎瓶投げた男のその後の人生：沖縄問題」週刊朝日AERA dot. 二〇一六年一月三一日(https://dot.asahi.com/wa/2016012800033.html?page=1) アクセス日二〇二二年九月一日。

54 沖縄県教育庁文化財課史料編集班、前掲注50に同じ、三一〇頁。

55 その根拠として藤澤は、次のデータを引用している「一九八四年度実施の卒業式において〈日の丸〉を掲揚した学校は、全国平均で小学校九二・五％、中学校九一・二％、高等学校八一・六％であり、《君が代》を斉唱した学校の全国平均は小学校七二・八％、中学校六八・〇％、高等学校五三・三％だという。これに対して、同年の沖縄での実施率は〈日の丸〉掲揚が小中学校で約七％であり、高等学校での「日の丸」掲揚および全学校段階における《君が代》斉唱はともに〇％として低い数値を示した」。同前、三一〇頁。

56 三島、前掲注51に同じ、三六―三七頁。ちなみに戦前の静岡県の《神饌田田植歌》の歌詞も定型詩で三番まである。内容面でも、一番では選定地が詠みこまれ、二番では「まごころ」の語が用いられ、三番では「実り」の語が用いられている点も、沖縄県の《献穀田御田植歌》と共通する。

57 玉城村『玉城村誌』玉城村役場、一九七七年、四四五頁。

58 三島、前掲注51に同じ、三七頁。ドを基音にすれば「ド－ミ♭－ファ、ソ－シ♭－ド」で構成される音階であり、民謡音階の曲例として《八木節》がある。ちなみに戦前の静岡県の《神饌田田植歌》でも民謡音階が使用されている。そこから推察されるのは、戦前の「献穀田御田植式」で奉納する御田植歌は一定の規範下で制作された可能性があるということだ。

59 献穀田御田植芸能の戦前の実施の詳細については次の論文が詳しい。三島、前掲注51に同じ。

60 さらに二〇〇六年一月一日、東風平町と具志頭村が合併して現在の八重瀬町となった。

61 作詞・作曲：屋嘉比清。

62 戦前の一九一二―二六年、一八七名の八重瀬町（旧東風平村）の人びとがブラジルへと移民した。八重瀬町「移民と戦争」二〇一六年（https://www.town.yaese.lg.jp/docs/2017060200033/file_contents/tyoshi02.pdf）アクセス日二〇二二年九月八日。戦後の琉球政府時代に、戦前の移民県の復活を目指し、一九五四年から一九七三年までの間に、南米移住者数は、ブラジル（二〇九人）、ボリビヤ（七九人）、アルゼンチン（一二人）、ペルー（二人）計三〇二人を送り出している。知念、前掲注27に同じ、五〇〇頁。

63 東風平村、前掲注24に同じ、「発刊の辞」。知念、前掲注27に同じ、五〇一頁。

64 新垣成世（あらかき・なりせ　一九九三年生―）八重瀬町字新城出身。「汗水節大会」第一回の優勝者であり、新唄大賞を受賞するなど、沖縄の民謡界を牽引する若手のひとりである。また近年では、沖縄の民放のラジオ番組でもパーソナリティーを務めるなど幅広く活躍している。

本稿を作成するにあたり、川武順子氏にはヒアリングをはじめ関連資料のご提供ならびに多大なお力添えを賜りました。あわせて岸本喬氏（沖縄平和運動センター）にも所蔵写真のご提供を賜りました。ここに厚くお礼を申しあげます。

本稿は、JSPS科研費 JP20K20685の助成を受けたものです。

## コラム　それぞれの歌の運命

ここではまず、《献穀田御田植歌》が誕生した昭和初期という時代に注目したい。その作曲者である宮良長包（以下、長包）の作風はそれ以前の西洋音楽的スタイル（西洋音階）から転じて、沖縄各地にあまたある民謡そのものに目を向け、沖縄の伝承音楽の音階を使うようになる。一例をあげるならば、《汗水節》《コイナユンタ》《琉球木遣歌》《なんた浜》《安里屋ユンタ》などであり、これらの歌曲はいずれも沖縄本島や長包の郷里・八重山諸島の民謡にもとづいた創作である。彼の作風が昭和初期に大きく変化した背景には郷土教育運動があった。それは文部省の施策として全国展開され、みずからが生きる郷土に目を向け、足元の文化を掘り起こして教材化しようというのがねらいだった。

ほぼ同時期に《献穀田御田植歌》も作曲されたのだが、長包はこの歌をつくるにあたり沖縄的な要素を盛り込まず、全国に共通する音階（民謡音階）を使用した。つまり、《献穀田御田植歌》の創作においては「沖縄らしさ」ではなく、「日本らしさ」を表象しようといった長包の意図が透けてみえる。

そんな《献穀田御田植歌》とは、まったく対照的な運命をたどってきた歌曲が《汗水節》と《安里屋ユンタ》だ。《汗水節》の作詞者・仲本稔の出身地であり、長包が骨をうずめる八重瀬町（旧具志頭村）では「やえせ桜まつり」の一環として、二〇〇八年より「汗水節大会」を開催している。その歌唱力を競う同大会では、地元人はもとより全国各地から、のど自慢たちがこぞってエントリーしている。勤倹貯蓄と労働のよろこびを説く《汗水節》は、いまや町おこしの起爆剤なのだ。一方の《安里屋ユンタ》は現在、沖縄都市モノレール安里駅の車内チャイムとしておなじみであり、また、一九七〇―八〇年代にはザ・ピーナッツをはじめ坂本龍一や細野晴臣らによってカバーされた（三島わかな「連綿とつづく八重山古謡へのまなざし――「安里屋ユンタ」をめぐって」『沖縄文化の軌跡――一八七二―二〇〇七』沖縄県立博物館・美術館、二〇〇七年）。

昭和初期に誕生した長包の歌曲の数々。これらの歌が世代を超えて人びとの心のなかに生きつづけるのか、それとも忘却の彼方となってしまうのか。それぞれの歌の運命は、いま、そしてこれからを生きるわたしたちの「感性」や「思想」そして思い描く「未来像」とともにあるのだろう。

第9回汗水節大会の様子（2017年2月5日、著者撮影）

# 第4章　漫画・たばこと私
## ――安座間家の沖縄戦

喜久山　悟

### はじめに　ひめゆりとその母

昭和六〇年のことであった。大学の図書館でたまたま目の端に映った背表紙の「沖縄」の文字に反応して手にしたのが、沖縄戦戦没者遺族の文集であった。開くとふいに祖母「安座間栄子」の印字名が目に飛び込んできて、はっとなった。それが手記「たばこと私」との出会いである。祖母の喫煙癖は戦後の安座間家にとって文字通り煙たいもめ事の種だったが、喫煙の理由を祖母が家族に語ることはなかった。だから戦後四〇年もたって初めて、私は祖母がたばこを手放せなくなった次第を知ることとなったのである。この時、穏やかに紫煙をくゆらせる祖母の姿とともに、今生で交わることのなかった伯母、晶子と対面したような読後感が私の内側にこびりついた。

小学校教員であった祖父、磨孝《まこう》は動員命令に応召して艦砲射撃に曝された島尻郡へと赴いた。夥しい犠牲者とともに亡くなったと伝え聞いたが、最期の地はいまだ不明のままである。生前の祖父についても祖母が話題にした場面を知らないので、筆者の中で祖父のイメージは希薄である。

ひめゆり学徒隊の中では最年少だった晶子は、学友や恩師らの手記によると無邪気な人懐っこさがあって先輩に可愛がられていたらしい。最期は爆撃で腹部に致命傷を負った。自身の死を覚悟し、毒薬での安楽死を願い出るも受け入れられず、何度も母や妹らの名を呼びながら静かに息を引き取ったという。享年一六歳であった。祖母は手記の中で、晶子の死について「国難を守るため生きることを許されなかったのでしょう」と述べている。徒《いたずら》に失われた命ではないと自身に言い聞かせるような祖母の言葉が痛々しかった。

祖母は戦後、農業のかたわら慣れない行商などで生計をたてた。昭和二一年には亡夫の友人の小学校長から幼稚園教員勤務の誘いがあり、のべ一五年間にわたり多くの園児を育んだ。また、昭和二五年から五年間自治体の婦人会長を務めて地域の母親らの保育支援をおこなった。このほか、戦没者遺族会会長を通算八年務めた。未来を担う子どもらだけではなく、未来を奪われた人々の魂にも手を差し伸べた半生だった。

この数年ひめゆり平和祈念資料館を訪ねる機会が度々あって、その都度館内に展示されている晶子の遺影と対峙してきた。次第に、私の心の奥底に沈潜していた三〇年以上も昔に出会った手記の記憶と、遺影から伝わる息遣いが物語となって紡がれていった。本作を描きながらたどる肉親の息遣いは、これまで遠巻きに見ていた筆者の沖縄戦への視点を、より切実な場面へと導いていったように思う。

若くして未来を奪われた晶子の遺影は、多くの学友とともに、今も少女の姿でこちらへまなざしを送っている。

**参考文献**


安座間栄子「たばこと私」『沖縄戦――県民の証言　私の戦争体験記』日本青年出版社、一九七二年、一五二―一六〇頁。（編集上の手違いか、今回手にした出版物では著者名が「安座間栄子」ではなく「大城光子」と誤植されている。かつて筆者が目にした沖縄戦戦没者遺族の文集は「安座間栄子」の名が記されていたが、その本はいまだ見つかっていない）。

仲宗根政善『ひめゆりの塔をめぐる人々の手記』角川書店、一九八〇年。

沖縄県具志川市遺族会『鎮魂 子孫への遺産』ワールドジャーナル、一九八三年。

宮良ルリ『私のひめゆり戦記』ニライ社、一九八六年。

宮城喜久子『ひめゆりの少女――十六歳の戦場』高文研、一九九五年。

「戦後50年　おきなわ女性のあゆみ」編集委員会編「安座間栄子」『戦後50年　おきなわ女性のあゆみ』沖縄県（総務部知事公室女性政策室）、一九九六年、一九二―一九三頁。

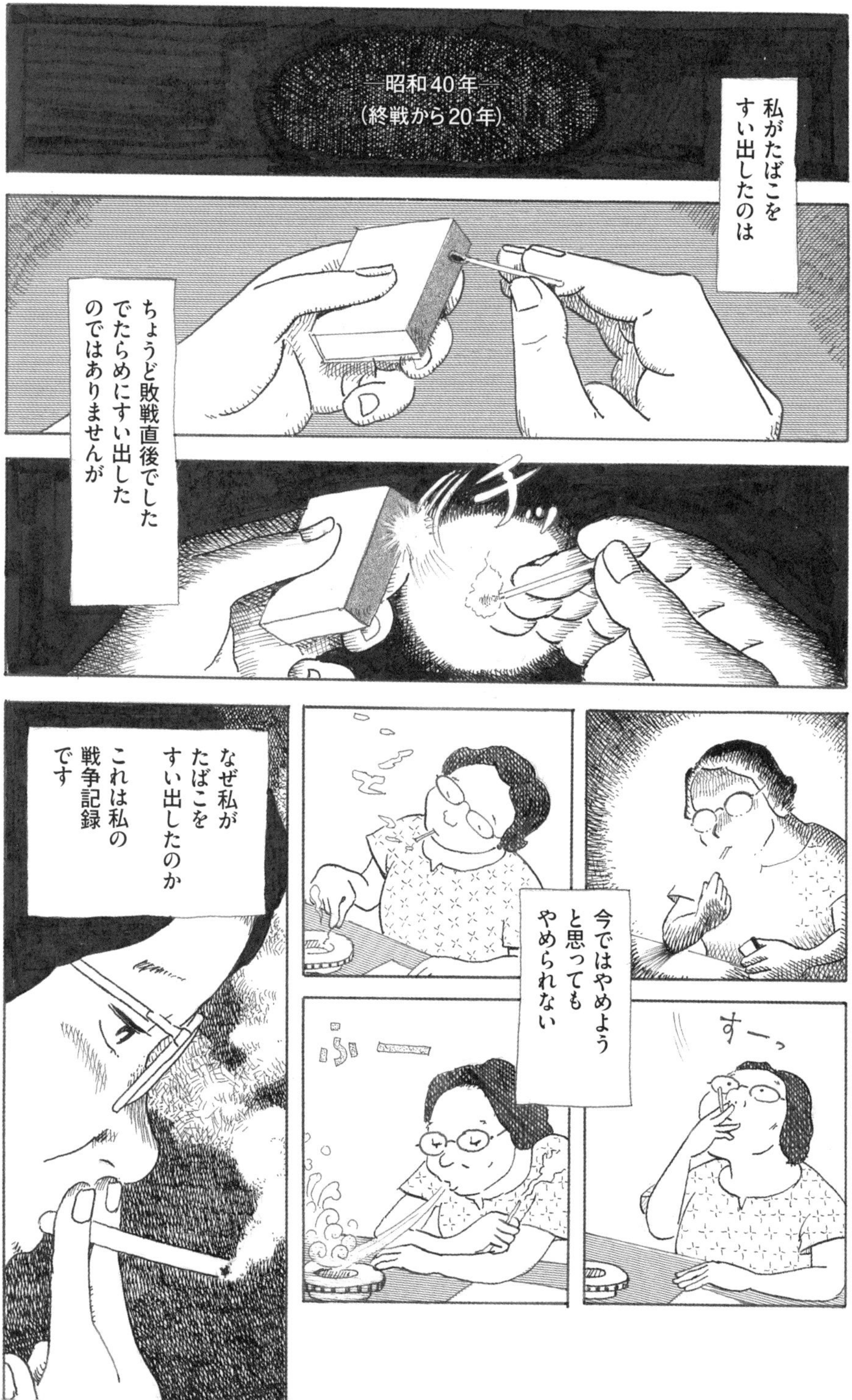

―昭和40年―
(終戦から20年)
私がたばこをすい出したのは
ちょうど敗戦直後でした
でたらめにすい出したのではありませんが
チ
今ではやめようと思ってもやめられない
すーっ
ふー
なぜ私がたばこをすい出したのか
これは私の戦争記録です

たばこと私
安座間家の沖縄戦
——安座間栄子手記『たばこと私』より
喜久山悟
いーけないんだ
またタバコすってるぅ
わっ
母ちゃんよ もう やめてって お願いしてるでしょう
健康に悪いし
・・・・・・

先生が
タバコすう
のは不良って
いってた
もっと
ひどい
いわれ
かたも
・・・
町なかで米兵に
ぶらさがってる
女じゃあるまい
しって…
こんな女に
だれがした
やめなさい！
ひゅう
やれ
やれ
おや
ピー
トン
落ち穂を
とどけに
来たかね

昭和二〇年二月いよいよ戦雲は沖縄をおおい私たちは山原《やんばる》まで疎開しなければなりませんでした
えんそくみたい
親子十人で具志川の家を出て長い長い道を歩き出しました
女子師範学校へ通う長女晶子は途中で別れて国を守るつとめのため那覇へ戻っていきました
じゃあ私はここで
元気でね
戦争が終わったら帰ってくるの？
そうね
那覇はいっそう危険だ
気をつけろ
うん わかってる

晶子の名は
歌人
与謝野晶子
からもらい
ました
師範学校への
合格をお祝い
したのはつい
この間のこと
でもこの時
晶子が戻って
行ったのは
戦争の最前線
でした
君死にたまふこと勿れ
——與謝野晶子
サー
ピチャ
ピチャ

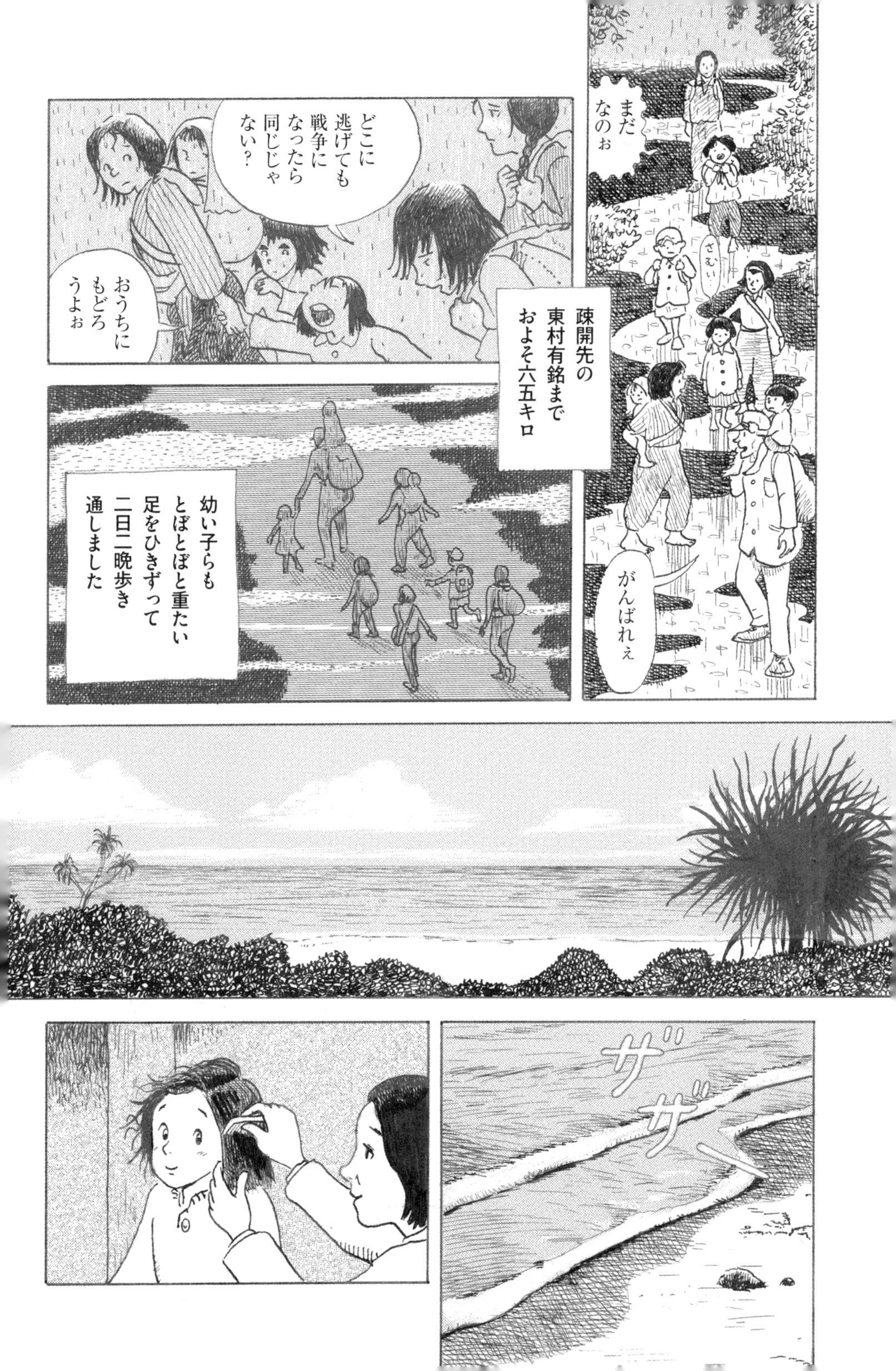
まだなのぉ
さむい…
疎開先の東村有銘までおよそ六五キロ
がんばれぇ
どこに逃げても戦争になったら同じじゃない？
おうちにもどろうよぉ
幼い子らもとぼとぼと重たい足をひきずって二日二晩歩き通しました
ザザー

疎開先は海辺の村にあった一人ぐらしのおばあさんの家でした
父ちゃんもういくのぉ
もう少し休んでから行けたらいいのにねぇ
海であそんでから行ってよぉ
いい所でよかったなあ
ここなら安心だ
山原の里は平和そのもののような気がしました
ブヒ
ひっ！
だぁブタも歩かさんとねぇ
私はねぇ村の警防団長の宮城だがねぇ
どうも安座間です家族がお世話になります

少しは休まれましたかねぇ
ええ しかし私はすぐに仕事で戻ります
あいえー ゆうべついたばかりでねぇ
ご主人もタイヘンだねぇ
しかし疎開ぐらしも一時の辛抱ですよ奥さん
ググッ
※1 去年は卑怯なふいうちで大被害でしたがねぇ
次はわが皇軍がだまってはおりません
…っと返り討ちです！
びしっ
あい！
ブヒッ
まて〜〜っ

※1 一九四四年十月十日米海軍機動部隊が行った大規模な空襲。所在の日本軍艦船などに甚大な損害を与えるとともに、那覇市街地の大半が焼失するなど民間人にも大きな被害が出た（十・十空襲）。

キュウ
月桃の花
かんだら
ないた！
そんなこと
より
たき木
ひろって
きて
水くみ
も
まだ
いっぱい
ある
また
たき木ぃ？
もう
いちおく
まんかい
ひろって
つかれた
あ
戦争が
きたら
たき木
あつめも
できない
だから
今の
うちに
あつめて
戦争
こない
よぉ
母ちゃん
たちはぁ
？
裏山で
壕ほり
もしもの
時も
別荘が
あれば
安心でしょう
くくっ
ガッ

キーコ
キーコ
父ちゃんだ
父ちゃーん
自転車どうしたの
食料もってきたぞぅ
でんぷん黒糖…やったぁ
ご苦労さま
みんな元気そうだな
なんとかやってますけど・・・
これからもっと悪くなるのでしょう？
父ちゃんずっとここにいてよぉ
母ちゃんはおこってばっかり
リーリー
すぐに戻らないと
職場も非常時態勢だ
非常時態勢ねぇ…
オレだって戻ればさみしくてかなわんよ
あしたは一人つれて帰ることにする！
バラバラになるの？
非常時態勢だな

ぴえ～
ずるいぞ ヒロ姉ぇだけぇ
ウチもかえる～
とうちゃん…
夫は家がさびしいからといって次女をつれて帰って行きました
またすぐ来るさ
今度はおかしももってくるぞ
山原の坂道を遠く消えていく後ろ姿 これが夫との最後の別れになるとは夢にも思いませんでした
あとから次女にきいた話では 悪路にタイヤをとられて四日がかり 疲労困憊で自宅にたどりついた夫を待っていたのは召集令状だったそうです
おしりがはれてあるけない
もう一生自転車のうしろにはのらない
ともかく休もう
これが届いているのに連絡はとれないといっていたら戻ってきたさぁ
ねーさん
あした集合っていうし本人はいないしどうするねーしてあきさみよー
神様の知らせさ～
翌朝次女が目ざめた時には夫はすでに出征していました だれに見送られることもなく朝食もとらないままでした

夫が帰って十日目の午前八時ごろ
さっきからあれは…日本の
ヴォオオオオオオオオオオオ
えっ!
空襲どぉ!!
山ににげるよいそいで!
タッ
荷物はあとから命が先!
みんないるねぇ
非常用荷物
なかないで

ドーーン
ズズーーン
木もふるえている
なんてこと
ドーーン
ここもいつ爆弾がふってくるかわからない
壕の中に！
もう家はないの？
はいっていそいで
ドーン
ドーン
父ちゃんがむかえにくるよね
うん
こわいよ
ドーーン
ドーーン
おかしもってくるっていってたよね
そのあとからはネズミみたいな壕生活となりました

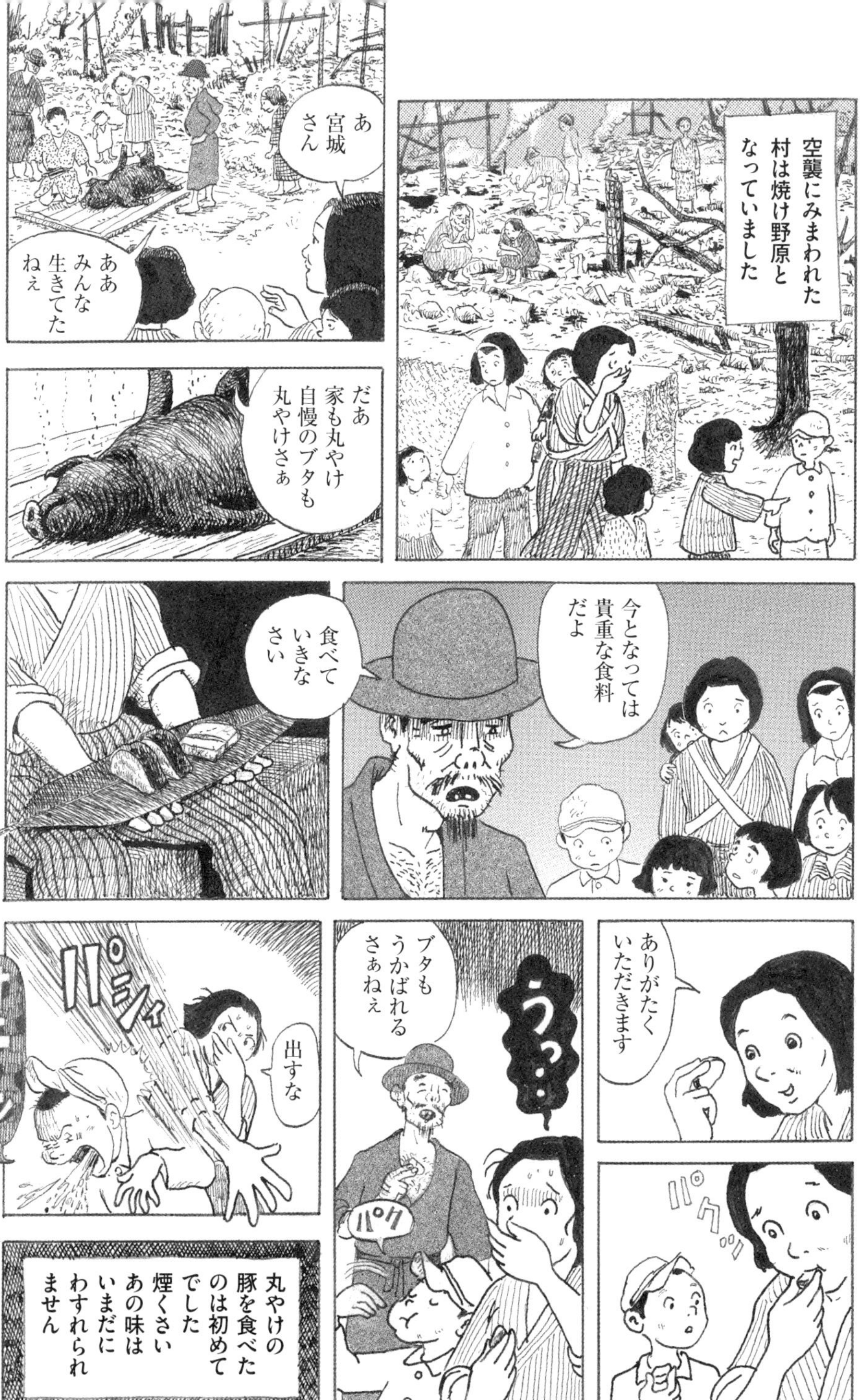
空襲にみまわれた村は焼け野原となっていました
あ宮城さん
ああみんな生きてたねぇ
だぁ家も丸やけ自慢のブタも丸やけさぁ
今となっては貴重な食料だよ
食べていきなさい
ありがたくいただきます
パクッ
ブタもうかばれるさぁねぇ
うっ…
パク
オエーッ
パシィ
出すな
丸やけの豚を食べたのは初めてでした煙くさいあの味はいまだにわすれられません

昭和二〇年四月一日
米軍沖縄本島上陸
ゴゴゴゴゴ。。
ゴゴゴゴゴ。。。
もはや警戒は空のみにあらず
敵はついに上陸したらしいねぇ
なにしろ残忍な連中だからねぇ
もっと山奥ににげないと
ここにもいられないの？
わけいった先にも避難の人たちがあふれていました
敵につかまれば虫けらのように殺されるという恐怖からみんな山奥へにげこみました
ちょっと休もうか
おなかすいたんだよ
おいしそうなにおい
んぁ
どうした

よし よし
ねーさんよ
よそにいってもらえんか
子どもの泣き声で敵にみつかればここにいる皆道づれになる
迷惑やさ
私たちはさらに奥地へと進み小さな谷川のほとりに避難小屋をみつけました
みんなさあ歩いて歩いて
ここよりマシな場所さがすよ
おなかすいたぁ～
荷物に食べ物はないよ
こんな山奥じゃ食べ物は手にはいらないね
どうするの

夜になると
コソコソと
山をおりて
イモほりに
むかい
ました
ハブに出く
わすことを
恐れながら
一里ほどの
山道の
往復です
こんなやせた
※2
カンダバー
しかない
小さいイモ
あった！
どこも
荒らされて
いる
他も
さがして
みよう
幾日も幾日も
こんな生活が
つづきました
ほら
たべて
たべなさい！
たべ
てって
おなか
こわして
食欲がない
んだよ
クスリも
ないしね
これたべ
ないともう
ないよ！
これがクスリ
なんだよ
ヤ…
イヤァ

※2　カンダバー：イモのつるや葉。

子どもたちの顔色は日に日に悪くなり山奥の生活は不安がつのっていきました
ガッ
ガッ
さっきから外で音がするけど
アメリカーじゃないよね
ガッ
ガッ
川上にいた家族の子どもが死んで埋められていました
なんにも悲しくありません
世が世なれば仕方あるまいというだけの気持ちでした
感情など失われただ生きんがための毎日

ガ…
え！
何してるの？
はっ
ハァ
ハァ
ゆ…め…
晶子…

晶子は
ひめゆり学徒隊
として沖縄陸軍
病院に動員
されました
学徒隊の
仕事は負傷兵
の世話や
手術の手伝い
爆撃の危険
をぬっての
食糧運搬や
水くみなど
でした
戦況が悪化して
いくと重傷者が
ふえて
死体埋葬も
日常のことと
なっていきました
はげしい
米軍の攻勢を
うけて
病院は南へ
南へと撤退
しなければ
なりません
でした
最後には
南のはての
洞窟《ガマ》に
病院はうつされ
ました
すでにまともな
治療などでき
ない劣悪な
環境でした
いたた…
ゴツゴツで
おしりも
せなかも
砲撃から
にげ回って
いるよりは
マシ…

※3　食糧徴発：学徒らは自分たちの食料を調達するために壕周辺で集めて回らなければならなかった。

ボリ
ボリ
ガシ
ガシ
やめなさい！血が出てるじゃない
だって・・・
陽もささずくさった落葉のにおいにつつまれた避難小屋での日々
※4フーチバーを薬にするしかない
じゅる
ここじゃ敵にやられる前に病気にやられてしまう
体じゅうにカビがはえた気分
安全のためにと住みついたものの子どもたちの健康はおびやかされていました
なんとかして陽のあたる場所に出たいと思いきって山里の集落にうつることにしました
ごめんください

※4　フーチバー：よもぎ。よくもんで傷口につけると止血作用がある。

山あいの人々は避難をせず家の中で生活していました
家賃をはらいますので間借りさせてください
座敷はあっても食べものはないよ
食料は自分たちでなんとか…
食料はつきていました 飢えへの恐怖がおそってきました
※5
猛毒のソテツも飢えをしのぐ食料でした 十三歳の三女と山野をあさりました
そこのヤブにはない？
できるだけ収穫しないと…
ザッ
ザ

あ
どうした？みつかったか
ちがうけど
こんなところに

※5　ソテツの実は毒ぬきをしたあと粉末状にし、おかゆにしたり、だんごにして食された。

六月十四日
では安座間くん本部への伝令をたのむぞ
はい！
敵の砲撃がはげしい任務遂行の無事を祈る！
いってまいります
走れ…走れ…
うっ！
走れ
走れ
神さま
神さま
母ちゃん

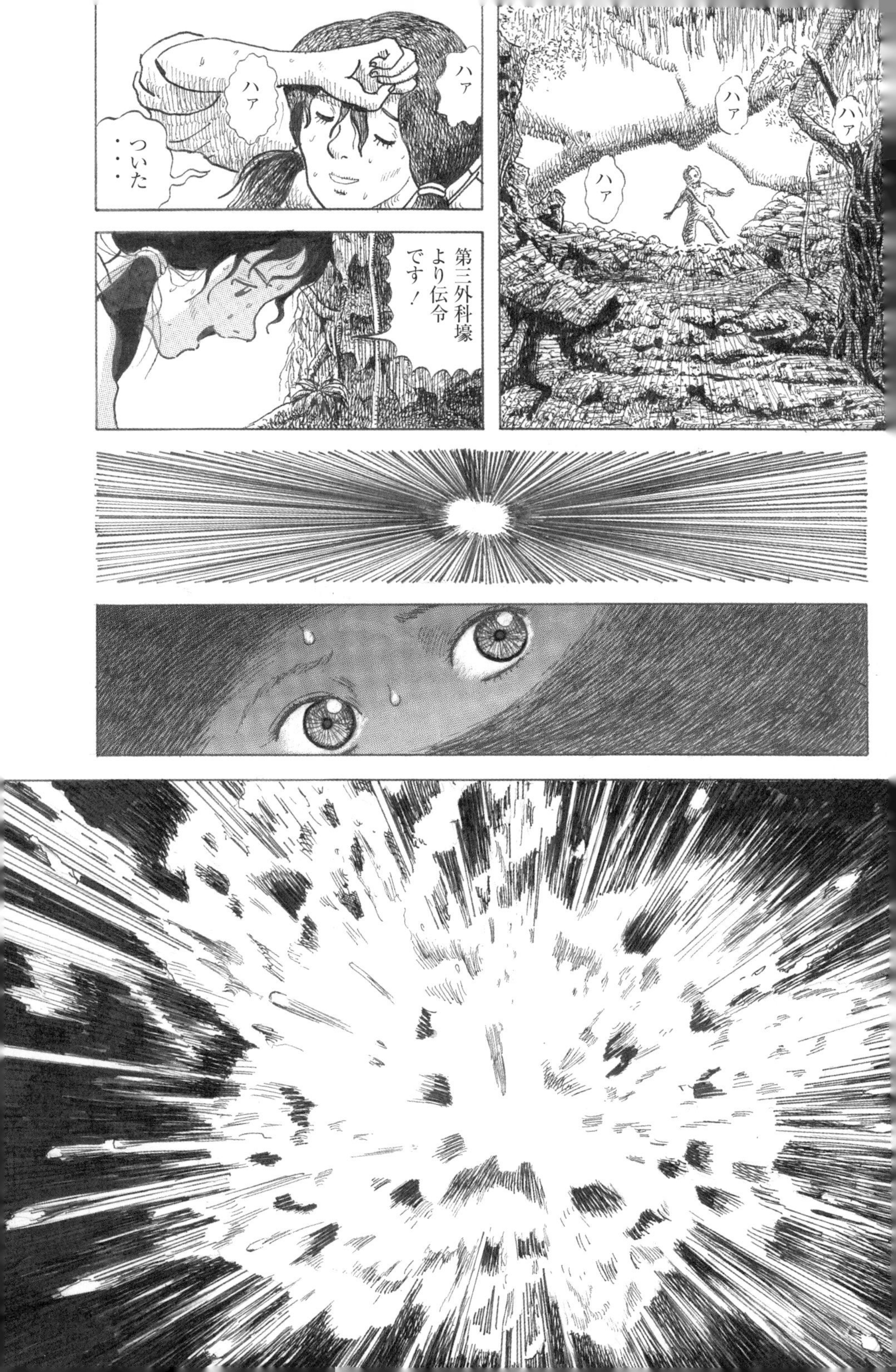
ハァ
ハァ
ハァ
ハァ
ハァ
ついた・・・
第三外科壕より伝令です！

パンパン
誰か撃たれた！
知ってるおじさんだ
走って！
いいから逃げて
civilian..
Don't shoot now
どこに逃げるの
アメリカーだらけだよ

もう
おしまい
戦車の
下じきに
される
・・・
青い目の
ひとを
みたのは
はじめて
でした
クチャ
クチャ
Don't worry
We won't kill you
チューインガム
など知らない
ので彼らは
牛やヤギの
ように反すう
するのだと
思いました
私たちは捕虜
となりました
ひどくおびえ
ていましたが
殺されないと
知ってやっと
安心しました
運ばれた
収容所は
何万という
人びとが
テントの中で
ひしめき
あって
いました
食事として
わずかな
おにぎりが
くばられ
ましたが
栄養失調で
死んでいく
人がたえず
共同墓地へ
はこばれて
いきました

すしづめのテントでは子どもらの生気はますます失われていきました
私は死の待合所のような収容所をぬけだしました
空き家を探してまわりましたがどこも人がひしめきふさがっていました
やっとみつけたのは…
豚小屋※6（フール）でした
小屋の一方には先客のおばあさんが一人さびしく住んでいました
子どもらをよび小屋に残された汚物をそうじしました
精がでるねぇ
あ さわがしくてすみません
にぎやかで
じょうとうさあ

※6 フール：豚小屋と便所が一体化した石づくりの建造物。

わびしいながらも親子でいられる場所を得て人心地がつきました
食料の配給もとどくようになりました
アメリカーがおかしくばっている
タバコもらったからおばあさんにあげる
父ちゃんにもねーねーにもおかしあげたい
あいありがとね
むこうもさがしているかな
近くに師範一高女の生徒が看護婦としてきていると聞きつけ娘の安否をたずねてまわりました
安座間晶子のことを…
きっとどこかでお元気かと…
しばらくして晶子の死が知人から知らされました
子どもたちはいっせいに泣きだしました
わ
う

八月も終わるころ終戦が伝えられましたみじめさとむなしさがいっそう身にしみました
おーい あんたに 手紙だって
我部祖河《がぶそか》に 本家のじい さんがいて あずかって るって…
ご主人 からじゃ ないかね
母ちゃん どこいくの
すぐ もどる
これだよ あけて ごらん
ビリ
二〇〇円
悲しい知らせでした主人は南部で戦死したと書いてありました
二〇〇円は主人が出征前にいとこにことづけた金でした
なんてだい?
父ちゃん死んじゃった…
でも残された子らは死なせてません
くっ

でかした
嫁だと
ほめて
くれるで
しょう
なんと
・・・
力を
おとすな
よぉ
子ども
たちを
丈夫に
育ててな
私は山の中に
はいりこんで
ソテツに
すがって
思いっきり
泣きました
うあああああ・・
娘ばかりか
夫も
死んで
しまった
母ちゃん
もどって
きた
どんな
手紙
だった?
父ちゃんが
お金あず
けてくれた
って
それだけ

これから
どうして
七人の子ども
をかかえて
生きて
ゆけよう
二度と
もどらない
くらし
荒れはてた
島
荒れはてた
人々
母ちゃん
元気ない
の？
うぅ
カンダバー
ぬすんで
こようか
わが子に
あたり前に
どろぼうを
おしえる
ようになった
もう何も
ぬすまなく
ていいよ
みんなで
いっしょに
いこう
どこに？
楽になれ
るところ

それから死に場所を探して夢遊病者のように羽地の山々をさまよい歩きました
しかし死ぬ術《すべ》がみつかりません
ひとりならかんたんなはずなのに
どうか苦しまずに…
ひとおもいに
ああ
あの世から呼ばれている
あんまり悲しんではいけないよ

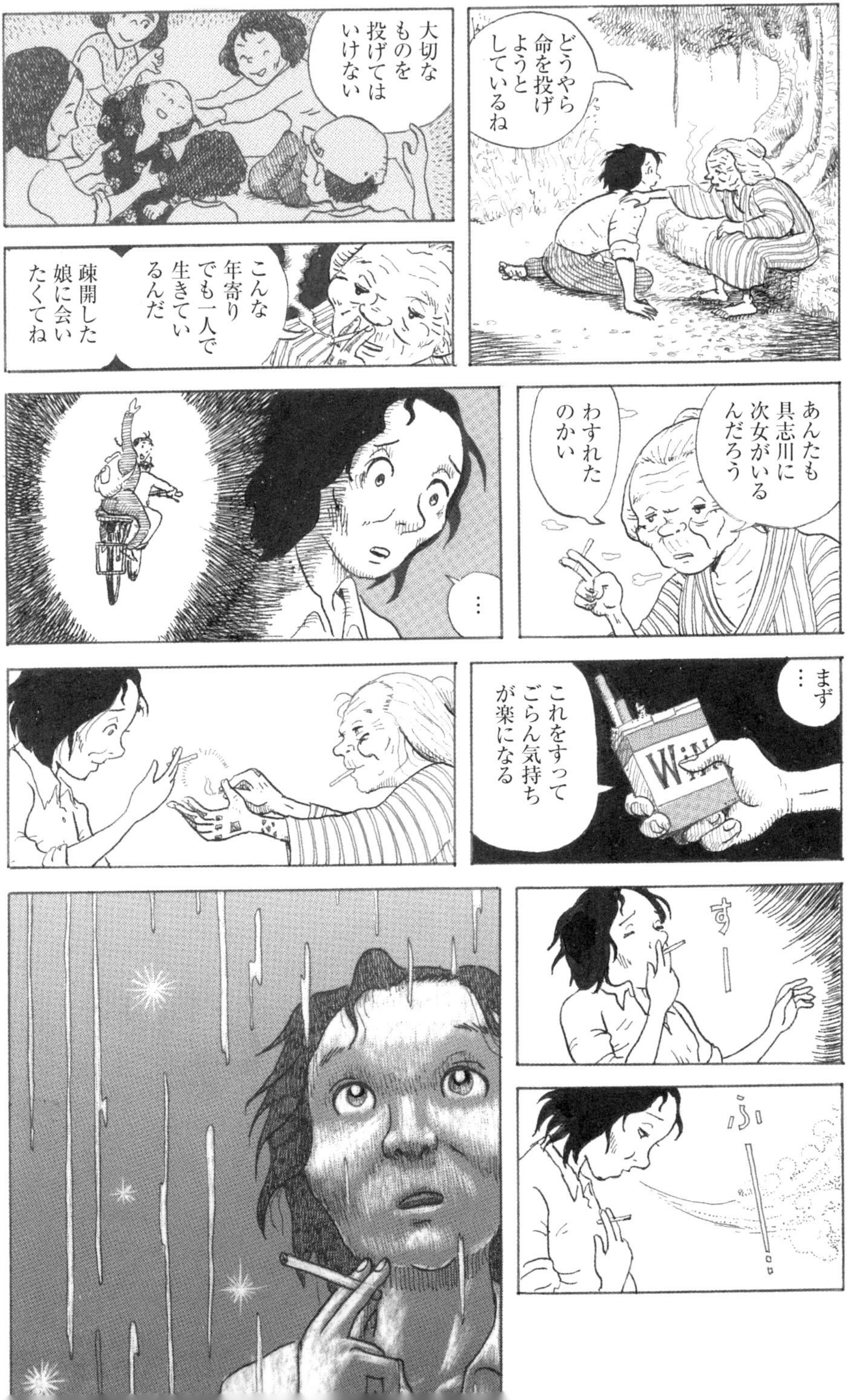
どうやら命を投げようとしているね
大切なものを投げてはいけない
こんな年寄りでも一人で生きているんだ
疎開した娘に会いたくてね
あんたも具志川に次女がいるんだろう
わすれたのかい
…
…まず
これをすってごらん気持ちが楽になる
すー
ふー…！

その時
私はわれに
かえりました
気を
しっかり
もってな
ピー
バサッ

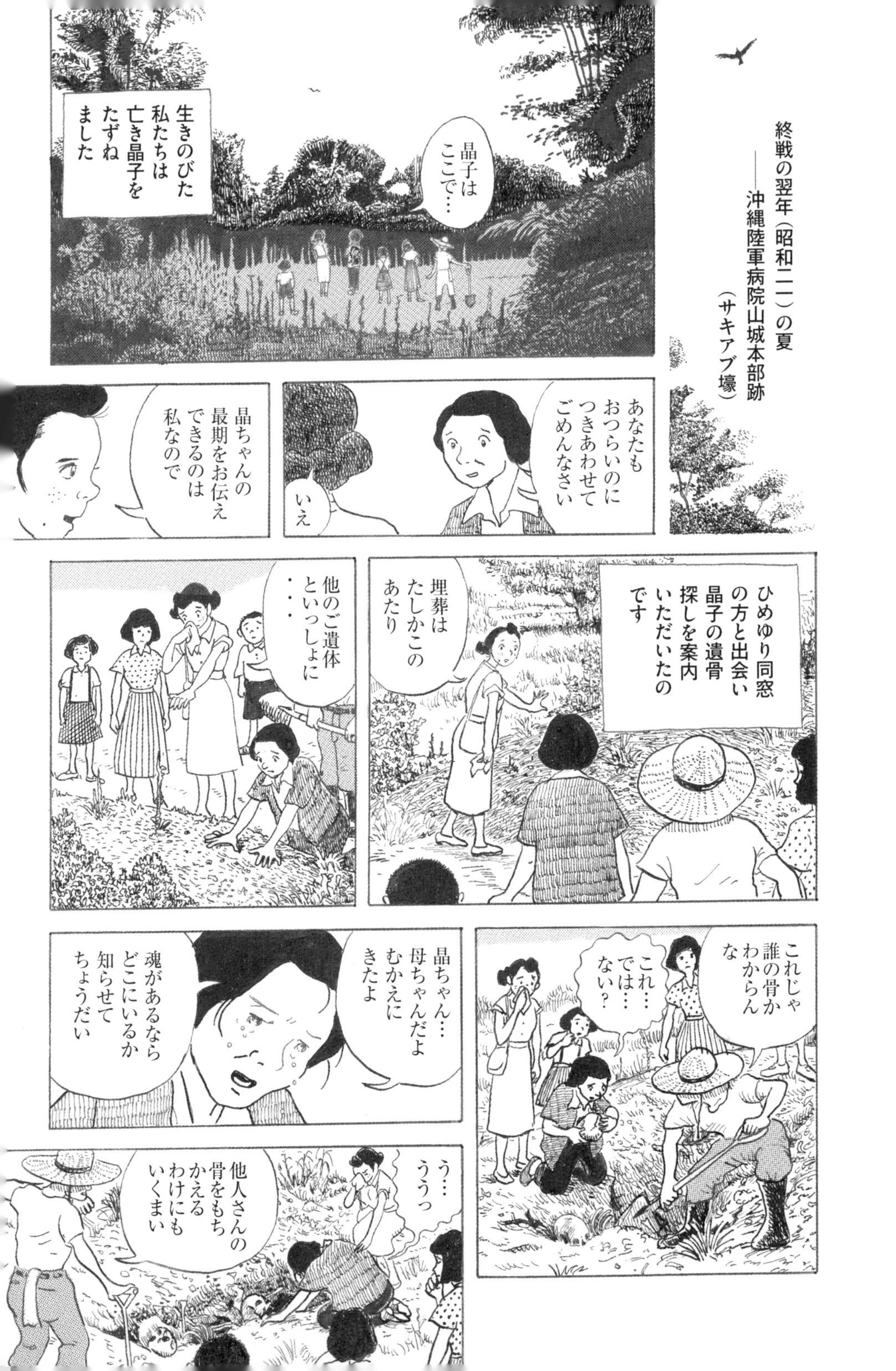
終戦の翌年（昭和二一）の夏
——沖縄陸軍病院山城本部跡（サキアブ壕）
晶子はここで…
生きのびた私たちは亡き晶子をたずねました
あなたもおつらいのにつきあわせてごめんなさい
いえ
晶ちゃんの最期をお伝えできるのは私なので
ひめゆり同窓の方と出会い晶子の遺骨探しを案内いただいたのです
埋葬はたしかこのあたり
他のご遺体といっしょに・・・
これじゃ誰の骨かわからんな
これ…では…ない？
晶ちゃん…母ちゃんだよむかえにきたよ
魂があるならどこにいるか知らせてちょうだい
う…ううっ
他人さんの骨をもちかえるわけにもいくまい

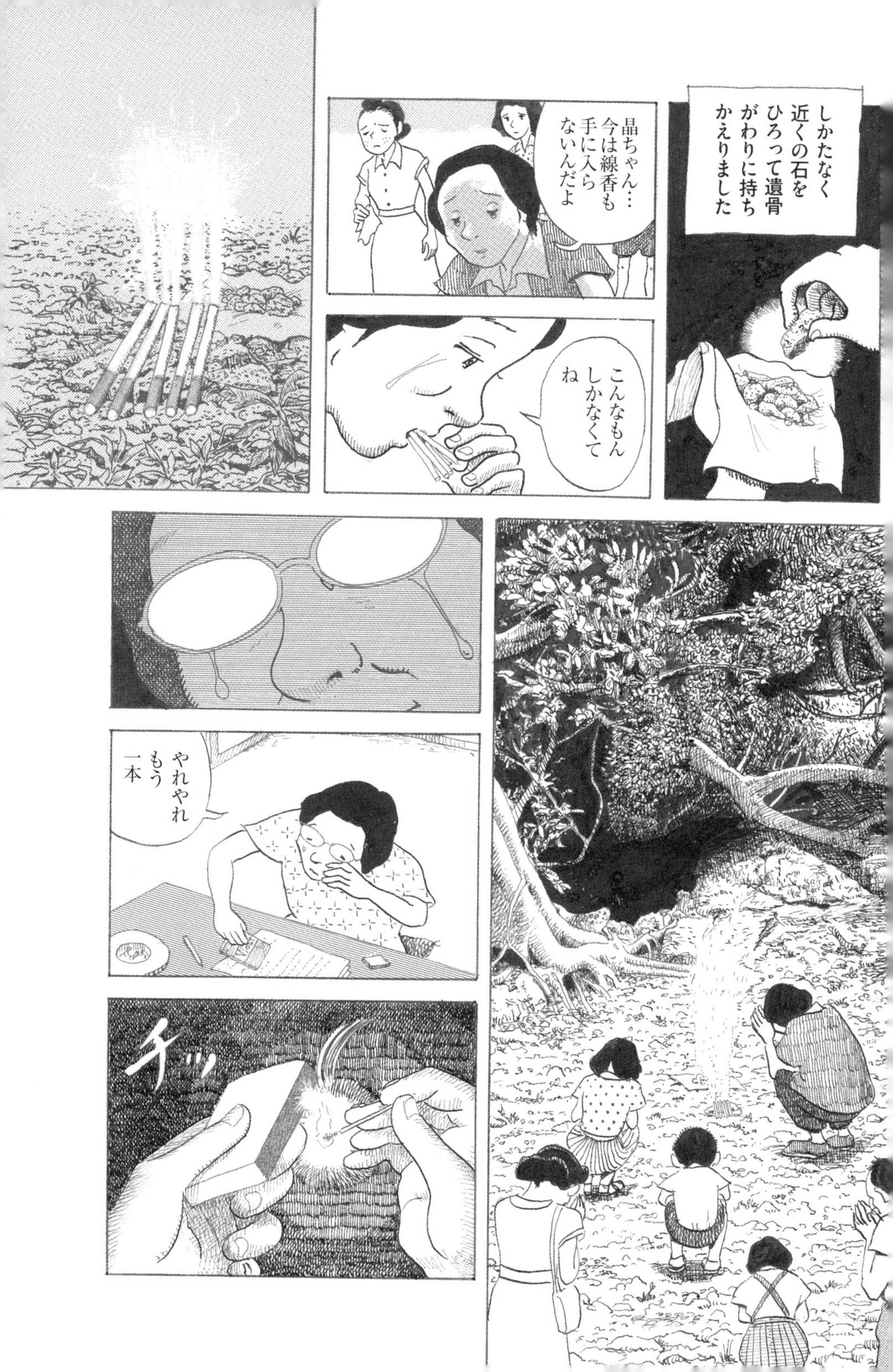
しかたなく
近くの石を
ひろって遺骨
がわりに持ち
かえりました
晶ちゃん…
今は線香も
手に入ら
ないんだよ
こんなもん
しかなくて
ね
やれやれ
もう
一本
チッ

おばあちゃんまたすってるのぉ？
いけませんなぁ
百害あって一利なし！
気のもちようでやめられるってさ〜
気をしっかりもってな
ぷー
にっ
聞く気ない
だめだこりゃ
やめられそうにないねぇ
ねぇ
ピー
たばこと私・終

# この本を読むためのガイド

近藤健一郎

# 対外関係からみた琉球・沖縄史の四つの節目

琉球列島、現在の行政区画でいえばほぼ沖縄県と鹿児島県大島郡および奄美市に及ぶ島々は、日本とは別の政治体制を築いていた歴史をもっている。琉球王国である。この一事をもってしても、琉球・沖縄の歴史は、いわゆる日本史に単純には位置づかないことは明らかであろう。時代区分も、日本史との関係が濃厚ではあるが、琉球・沖縄史に独特なものであり、古琉球、近世琉球、近代沖縄、現代沖縄に大きく区分される。このように区分される対外的な節目となるできごとに注目して琉球・沖縄史を概観し、本書が対象としている時期をそのなかに位置づけていこう。

## 古琉球

琉球列島のうちの沖縄島を中心とする島々では、一二世紀前後から統一が進み、一五世紀前半には統一王朝が築かれた。この琉球王国は、明の皇帝により冊封《さっぽう》（皇帝に琉球国中山《ちゅうざん》王に封じられ、これにより進貢《しんこう》貿易が許される）を受け、東・東南アジアとの中継貿易により発展し、また一六世紀には宮古、八重山、奄美の島々をも支配下に置いた。独立した琉球王国を築いていた時代が古琉球である。

## 近世琉球

琉球王国にとって、薩摩藩による侵略は大きな転機となった（一六〇九年）。琉球・沖縄史の第一の節目である。これにより、琉球王国は国王を戴く王国の形態を維持し、また明のち清の皇帝による冊封を受けることは変わらない一方で、薩摩藩の支配下に置かれ、江戸幕府の幕藩体制の一角に組み込まれた。このとき、奄美諸島は薩摩藩の直轄となった。このように琉球王国の形態を維持しつつも、薩摩藩の支配下に置かれた時代が近世琉球である。

## 近代沖縄

明治維新により樹立された日本の政府は、琉球国王・尚泰《しょうたい》を「琉球藩王」とし（一八七二年）、さらに琉球藩を廃して沖縄県を置県し、琉球国王の居城である首里城を明け渡させた（一八七九年）。これにより、琉球王国は解体されたのであった。この一連の「琉球処分」が琉球・沖縄史の第二の節目である。沖縄県置県後、沖縄県の県令・県知事には、大和人《やまとうんちゅ》（沖縄以外の出身者）が就き続けた。この沖縄県が置県されていた時代が近代沖縄である。

## 現代沖縄

第二次世界大戦末期、沖縄は軍事上の「皇土防衛」の「前縁地帯」とされ、「敵ノ出血消耗」を図るための捨て石作戦の戦場とされた。[1] 沖縄戦である（一九四五年）。米軍は沖縄上陸の初期に、海軍軍政府布告第一号いわゆるニミッツ布告により、南西諸島に対する日本政府の行政権を停止し、米軍による占領統治を開始した。その後、サンフランシスコ講和条約（一九五二年発効）により、北緯二九度以南の奄美諸島を含む南西諸島を日本から行政分離することが国際的に決定された。この沖縄戦から米国による統治の開始が、琉球・沖縄史の第三の節目である。

奄美諸島に対しても、米国海軍は自らの軍政下に置く二・二宣言を発した（一九四六年）。その後、奄美での復帰運動が展開され、沖縄よりも早く一九五三年一二月に日本復帰が実現し、再び鹿児島県の一部となった。宮古、八重山を含む沖縄では、復帰運動が長く続けられ、一九七二年五月に日本復帰が実現した。これらの復帰が琉球・沖縄史の第四の節目である。復帰により、再び鹿児島県、沖縄県としての歩みを始め、現在に至っている。復帰は実現したものの、広大な米軍基地の存続など、復帰運動の願いが実現しなかった部分は少なくない。

このような沖縄戦後の一九四五年以降の時代が現代沖縄であり、それは日本復帰が実現する一九七二年を境として、米国統治下での現代沖縄と復帰後の現代沖縄に区分される。

ここまで、琉球・沖縄史の対外的な節目について概観してきた。日本史における時代区分の画期となる江戸幕府の成立、明治維新、第二次世界大戦での敗戦は、琉球・沖縄史においては被侵略、被占領として具体化するのである。

本書に収録された三本の論考および一点の漫画は、直接間接に沖縄戦あるいは第二次世界大戦に起因した事象が、現代沖縄において人々の生にどのような影響を及ぼしたかの諸相を描くものである。

1　大本営陸軍部・大本営海軍部「帝国陸海軍作戦計画大綱」一九四五年一月二〇日（防衛庁防衛研修所戦史室『沖縄方面陸軍作戦』朝雲新聞社、一九六八年、一五二頁）。

参考文献
新崎盛暉『戦後沖縄史』日本評論社、一九七六年。
近藤健一郎『近代沖縄における教育と国民統合』北海道大学出版会、二〇〇六年（序章）。

# 沖縄戦と教育

これまでの沖縄戦研究において、沖縄戦と教育のつながりにも注意が払われてきた。

一つめのつながりは、沖縄戦以前の学校教育において、愛国心や軍国主義の精神が強調されていたことである。このことは決して沖縄に限られることではないが、沖縄における特徴として、国民精神涵養の一環として標準語励行が全県的に展開されたことがあげられる。

二つめのつながりは、沖縄戦における学校児童生徒の動員と排除である。この点は、後に論じることとしよう。

三つめのつながりは、沖縄戦後の学校教育・社会教育において、沖縄戦の体験を継承しようとしてきたことである。慰霊の日（六月二三日）前後に学校でおこなわれる特設授業、ひめゆり平和祈念資料館や対馬丸記念館をはじめとする展示などは、代表的なものである。講演をはじめとする沖縄戦体験者の証言・聴き取りを中心とした方法も、体験者が少なくなり高齢化した昨今では、非体験者が沖縄戦を学び調べ伝える方法へと変化してきている。

## 沖縄戦における学校児童生徒の動員と排除

沖縄戦における学校生徒の動員としては、ひめゆり学徒隊が広く知られている。その知られ方の一端について、本書でも第二章において齋木喜美子が論じている。ここでは、学校組織を活用した児童生徒の動員と排除の過程について、時系列に整理しよう。

中等・師範学校生徒は、一九三八年以降、食糧増産をはじめとする奉仕作業、勤労動員に動員された。この学校生徒の動員は、学年と学級を活用して学校の全職員生徒を組織した学校報国隊によっていた。とくに一九四四年三月に第三二軍が創設され、沖縄において飛行場建設や陣地構築を進めるようになると、学校生徒はこれらの作戦準備に動員されるようになった。

一方で、一九四四年七月にサイパンが陥落し、日本軍が沖縄に大挙して駐屯するようになると、児童の疎開[1]が準備、実施されるようになった。日本軍は作戦準備を進めるために、沖縄住民を一方では中等・師範学校生徒のように動員し、他方では老幼婦女子など動員できないものを沖縄から排除すべく疎開させることを求めたのである。そのもとで沖縄県は、沖縄の防衛体制を確立することを最優先し、戦力とならない児童を疎開させ、日本軍の駐屯に伴う食糧確保をも意図したのであった。学校を単位として集団で九州へ疎開する学童集団疎開では、教員が学童および保護者への勧誘に奔走した。また、中等・師範学校生徒も家族とともに疎開した場合も少なくなく、沖縄県立第二中学校では、生徒が一九四四年度当初の約一〇〇〇名から年末には約四〇〇名に減じていたという。この沖縄から九州への移動において、同年八月二二日に対馬丸が米軍の攻撃により沈没し、氏名が判明する限りで学童七八四名を含む一四八四名が亡くなる惨事が起きている。[2]

　一九四四年一〇月一〇日、米軍は沖縄を空襲した（十・十空襲）。これにより、町々は壊滅的な被害を受け、学校は自ずと休校状態になった。一一月には第三二軍のなかの第九師団が台湾に転出したため、第三二軍はその穴埋めとして沖縄人の動員を強化した。そのもとで、学校は戦力増強作業に集中していくことを沖縄県から指示され、各中等・師範学校は、沖縄で発行されていた新聞『沖縄新報』に学校再開を知らせる広告を掲載し、生徒を陣地構築などに動員していった。

　中等・師範学校生徒の動員は作戦準備に限定されなかった。軍は、一一月に中学校生徒（男子）に対する通信訓練、一九四五年一月に師範学校女子部や高等女学校生徒（女子）に対する看護訓練を開始している。そして一九四五年二月下旬には、各中等学校単位の防衛隊を組織し軍に編入する生徒の組織的な戦場動員を決定し、三月下旬に戦場動員を実施した。こうして、ひめゆり学徒隊、鉄血勤皇隊などの呼称で知られる中等・師範学校生徒からなる学徒隊の戦場への動員が具体化したのであった。

　戦場でそれぞれが体験した惨劇は、県市町村史を含む多くの体験記によっていただきたい。ひめゆり平和祈念資料館編『沖縄戦の全学徒隊』（二〇〇八年）によれば、中等・師範学校生徒九八一名が亡くなったという。沖縄戦を生きた児童生徒は、収容所で、疎開先で、それぞれの「戦後」を歩み始める。

1　国民学校児童（学童）の「疎開」について、沖縄の場合には他府県と異なり、主に日本政府によって「引揚」という呼称も用いられていたことは重要である。ここでは混乱を避けるため、疎開と記す。

2　対馬丸記念館のWEBサイト「対馬丸に関する基礎データ」による。http://tsushimaru.or.jp/?page_id=72

参考文献（本文および注に記したものを除く）
近藤健一郎『近代沖縄における教育と国民統合』北海道大学出版会、二〇〇六年（第六章・第七章）。
沖縄県教育庁文化財課史料編集班編『沖縄県史　各論編六　沖縄戦』沖縄県教育委員会、二〇一七年。

# 米国統治期の日本政府による沖縄への「教育援助」

沖縄戦後、沖縄における行政権が日本政府から切り離されたため、復帰以前の沖縄に日本政府はかかわっていなかったと思われる読者も少なくないであろう。たしかに復帰後の沖縄県と同一のかかわりではないものの、「沖縄援助」として日本政府は復帰前の沖縄に関与していた歴史がある。本書では第一章において泉水英計が「医療援助」について論じている。「沖縄援助」の主要なものとして医療と教育があったことから、ここで「医療援助」を相対化する手がかりとして、米国統治期の日本政府の沖縄への「教育援助」を概観していきたい。

## 沖縄戦後の教育課題

沖縄戦後、戦争孤児をはじめとして、生き延びた子どもたちにとって、教育以前に生きることが課題であることは少なくなく、それは個々の人生にまた沖縄社会に大きな影を及ぼした。このようなことを視野に入れつつも、ここではそれとは位相を異にして、沖縄戦直後に生じた教育の制度的課題のいくつかをあげていこう。

沖縄戦における戦死者には、多くの教員を含んでいた。加えて、沖縄戦後には離職する教員も多く、教員不足は深刻であった。そのため、教員の養成と採用、採用後の研修は教育行政の課題となった。

沖縄戦の被害は、人にとどまらない。爆撃等により、校舎を失った学校も多く、戦災校舎復興も教育行政の重要課題となった。さらに沖縄戦後の社会にあって、新たな教育課程に沿う教科書の作成も不可欠であった。

一方で、沖縄に初めての大学となる琉球大学が設置されたのは一九五〇年であった。県外の大学に進学する学生への学業生活の援護を含む育英奨学も教育行政の課題であった。

そして、これらの課題に取り組む財源をどのように確保するかは、琉球政府にとって避けられない課題であった。

## 日本政府による「教育援助」

前述のような多岐にわたる課題に対して、日本政府は琉球政府への「教育援助」をおこなった。その内容について、ここでは教員の養成、研修にかかわる事業に限定して述べていこう。

沖縄戦直後の教員不足に対して、沖縄、宮古、八重山のいずれの諸島においても、短期の教員養成をおこなうとともに、旧制中等学校や新制高等学校の卒業者を採用した。

この状況において、一九五一、五二年には琉球大学で土・日講習が実施され、五三年以降には、日本の大学教員や文部省職員が講師団を組んで来沖し、夏期認定講習をおこなった。この講習を受講する教員は、単位を修得し、免許状を取得できるようになった。

同時に、戦前と同様に、沖縄の学校教員が日本の特定の学校に半年間派遣され、実践的研究に従事する「留日琉球派遣研究教員」制度が一九五二年から実施された。この制度は、のちに校長、指導主事などにも対象を拡大していった。

この制度と対をなすように、日本の教員が沖縄に派遣され、沖縄の教員が日本の教員とともに授業実践をおこない、日常的に実践力を高めていく制度も琉球政府から日本政府へ要請された。これに対して、日本政府は各県の指導主事などからなる「教育指導委員」を一九五九年から派遣し、当初はそれぞれ沖縄の特定の学校に配属され、その学校および地区の学校において模範授業を実施するとともに沖縄の教員に対して教育実践を指導した。

なお、これらにかかる経費は、琉球政府、日本政府、米国民政府によって分担されており、非常に複雑であり、また分担方法も頻繁に変わった。概括すると、一九五二年に日本政府の文部省予算に日本国内で執行できる経費が組み込まれたことを契機として、六三年以降には、琉球政府予算のなかに教育分野に限らず「日本政府援助」が組み込まれていった。

これらの「教育援助」は、いずれも米国民政府との折衝によって実現の道が探られた。その過程で、たとえば教育指導委員制度に関して、沖縄の教育実態をふまえ実践をともにおこないつつ経験の浅い教員への指導もできる優秀な教員の派遣を琉球政府が要請したにもかかわらず、結果として文部省は指導主事を派遣し、日本の教育方法などを指導するものとしたように、日本の教育を沖縄に及ぼしていく「教育援助」となった。

こうした対等でない「援助」の関係をもって、沖縄は日本復帰を迎えるのである。

参考文献
沖縄県教育委員会編集・発行『沖縄の戦後教育史』一九七七年。
藤澤健一編『移行する沖縄の教員世界』不二出版、二〇一六年。
近藤健一郎「琉球政府期の沖縄への教育指導委員派遣」、日本教育学会『教育学研究』第八六巻第四号、二〇一九年。

（付記）本稿は、JSPS科研費 JP20K02249の助成を受けたものです。

## あとがき

本書の出版計画は二〇二二年三月、研究メンバーが那覇市内に集結した日に始動した。通常は、あらかじめ計画していないかぎり出版直後の続編刊行は難しいと思う。しかし今回は、私たちのなかであっという間に続編を出版する話がまとまっていった。それは何より、各自がすでに次の研究テーマを構想していたことが大きかった。

復帰五〇年の節目にあたる二〇二二年は、本土復帰に関わる意識調査の実施、記念行事や講演会等が県内外でさかんに催されていた。まさに沖縄イヤーといってよい現象だけれども、米国統治期の沖縄の社会や復帰後の人々の暮らしについて、どれほど理解が深まったのだろうか。[1] 本土復帰からすでに五〇年あまりの歳月が流れたというのに、いまだ沖縄には戦争の傷跡や米国統治のひずみによって引き起こされた課題が山積している。しかし本土では沖縄の歴史的課題はどこかしら曖昧にしか理解されておらず、ときに「他人事」のように扱われていると感じることさえある。やがて私たちの話題は表面的にはともかく、はたしてこの間に本土と沖縄に横たわる「隔たり」はどれほど埋められてきたのだろうか、という疑問にも及んでいった。だから続編への企画を提案するや否や、自分が次に書くとしたら何を追究したいか、自然にそれぞれが課題を口にし始め、討議は次第に熱を帯びていった。かくして前書の総括も兼ねた久しぶりの研究会は、一気に続編の企画会議へと変貌したのであった。

さっそく研究にとりかかったものの、コロナ禍の影響を受け資料収集の機会は制限され、研究会はオンラインでおこなわざるを得なかった。だが互いに忌憚のない意見を出し合えたことで、異なる研究分野の課題についても学ぶことができ、とても有意義な時間を過ごせたと思っている。それぞれの課題と研究の成果については、以下に簡単にまとめておきたい。

泉水英計と近藤健一郎は、米国施政下の沖縄における日本政府の琉球援助に強い興味関心があった。とくに、米国施政下の期間、日本政府の行政権の及ばない沖縄には、国内の地方公共団体のように国庫からの支出や技術支援がなかったという誤解がある。泉水は、実際にはあった日本の支援事業について、「医療援助」の観点から明らかにしようと試みた。本書では、日本政府の援助がたんに住民の命と健康を守るという目標だけではなく、政治的な思惑を含んだものであったことが明らかにされた。また、沖縄の結核患者やハンセン氏病患者を対象にした日本の支援事業には、「隔て」を埋める同胞意識の限界をみることができた。なお近藤は、本書においてはガイドとして「教育援助」に関して概観したにとどまるが、これまでに、参考文献に記した「琉球政府期の沖縄への教育指導委員派遣」のほか、「一九六〇年前後の沖縄における教育研究団体の結成と組織化への文部省派遣教育指導委員の関与」(『日本教育史研究』第四〇号、二〇二一年)を発表しているので、参照していただきたい。

編者は児童文学における「ひめゆり」物語を手がかりに、「戦争の語り継ぎ」のありようを論じた。従来の戦争児童文学史研究では創作児童文学を起点にすることが多く、少年少女を対象とした知識読みものや児童雑誌、コミック誌などは論考から抜け落ちていた。しかし子どもの日常の読書はもっと自由で多様である。作品リストをまとめたことで、各年代における少年少女向け出版物の動向と特徴が明らかとなった。また作品リストは、戦争を実感することがますます難しくなっているなかで、漫画や絵本、写真などによるビジュアル化が進んできたことも示唆していた。戦争を美化・歪曲してはならないことはいうまでもないが、歴史の流れという縦軸と、同時代性の横軸に作品を置きつつ考察を続け、今後どんな作品が誕生するのか楽しみに見守りたい。

三島わかなと喜久山悟は、戦争をくぐった庶民のライフヒストリーに着目した。三島は音楽教諭・川武順子の半生を家族との関わりのなかで描き出しながら、ひとりの人間の精神性や価値観がどのように形づくられていくのかをたどった。また地域の文化が「断絶」することと「復活」することの意味について、当事者性という観点から考えるとともに、《献穀田御田植歌》ならびに「献穀田御田植踊」の復活の過程を明らかにした。生きること、地域の文化を継承するという二つの価値観が、一人の教師の実践を通して昇華していく様を描き、芸能の現代的転化の意義を示した。喜久山の作品は、いうまでもなく学術出版としては異例の取り組みである。「漫画」は通常、大衆の娯楽文化として受容されることが多いからである。しかし私たちは、「戦争体験」がさまざまな視座から多様な表現方法によって描かれることに魅力を感じた。作品に登場する戦争未亡人は、戦後沖縄社会に生きた庶民の典型でもある。作品では「あらゆる地獄を集めたような」と形容される戦場風景よりも、一人の庶民のくぐった戦争と戦後の暮らしを描くことに注力した。奇しくも本作は、ひめゆり学徒隊の母の視座から描いた「ひめゆり」物語にもなっている。元ひめゆり学徒の体験記だけでなく、こうした作品があってもよいだろう。

先日、編者は米軍が撮影した沖縄戦記録を分析した報道特別番組[2]を観る機会があった。映像のなかで目を惹いたのは、戦場で肩を震わせて泣く一人のアメリカ兵の姿であった。彼は戦場のあまりのむごたらしさに精神を病み、子どものように泣いているのであった。別の兵士は七〇年以上も昔の記憶を泣きながら語っていた。恐怖でパニックになり、手当たり次第に銃を撃ちまくった翌朝、自分が攻撃したのはすべて住民であったことを知ったのだという。また戦後作家になりピュリツァー賞を受賞したジェームス・バーンズは「戦場のすべてを見た　もう十分だ」と陣中日誌の最後にそう綴った。後は、死ぬまで戦争の記憶に責め苛まれ夜中にうなされていたという。一方沖縄では、犠牲者の遺骨収集さえもいまだ終わっていない。収集のおこなわれている壕では、ていねいに遺骨の泥を洗い落としながら遺骨に語りかけ、涙する人の姿も映し出されていた。大切な人がいつ、どこで亡くなったかさえわからない遺族の悲しみは、いつまでも癒されることがない。これらの映像から、戦争のもたらす心の傷には「隔て」がないことを改めて考えさせられた。おそらく些末なこととして取りこぼされてきたであろう個人のもうひとつの歴史が、そこにあったのである。

私たちのささやかな試みも、戦後沖縄社会のもうひとつの歴史であった。それぞれの課題は、一つひとつ歴史的事実を確認しながら、沖縄戦後の社会と文化の諸相を読み解いていくことを基盤に進められてきた。各自の問題意識から切り取られた歴史認識はときに一面的なものであり、掬い取れなかった課題も多々あることだろうと思う。しかしこうした論考の積み重ねが、いつしか沖縄戦後史の一端を考えていくための基礎資料になるのではないかという期待も込めている。

また、本書刊行にあたっては、国立公文書館、国立国会図書館東京本館、憲政資料室および国際子ども図書館、大阪府立中央図書館国際児童文学館、沖縄県公文書館、沖縄県立図書館、ひめゆり平和祈念資料館等の貴重な資料を参考に活用させていただいた。
最後に本書の出版には、編者が関西学院大学より個人特別研究費の出版助成を受けたこともこの場を借りてお礼を申し上げたい。本書出版にご尽力いただいた関西学院大学出版会をはじめ、七月社等多くの方々のご協力を賜り、二年間にわたって研究成果を世に問うことができたことをたいへんありがたく思っている。心より感謝の意を表したい。

二〇二三年　春の岡田山にて
齋木喜美子

注

1　NHK放送文化研究所が実施したアンケート調査（「復帰50年の沖縄に関する意識調査（沖縄・全国調査）単純集計結果」二〇二二年二月二日（水）~三月二五日（金）実施）によると、本土では「あなたは、戦後、沖縄がアメリカの統治下にあったことを、どの程度、知っていますか」という問いに対して、約三〇パーセントの人が「あまり知らない」「まったく知らない」と回答し、「ある程度知っている」でも五〇パーセントであった。また「あなたは、沖縄が本土に復帰した日が5月15日であることを知っていましたか」という問いでは約八〇パーセントが復帰の日を「知らなかった」と回答している。https://www.nhk.or.jp/bunken/research/yoron/pdf/20220516_1.pdf　閲覧日：二〇二二年一一月四日）

2　NHKスペシャル「沖縄戦　全記録」（初出は二〇一五年六月放送）

執筆者一覧（掲載順）

齋《さい》木《き》喜《き》美《み》子《こ》（関西学院大学教育学部　日本児童文学史）

泉水《せんすい》　英計《ひでかず》（神奈川大学経営学部　民俗学・文化人類学）

三島《みしま》わかな（沖縄県立芸術大学音楽学部　音楽学・洋楽受容史）

喜《き》久《く》山《やま》　悟《さとる》（熊本大学大学院教育学研究科　美術教育）

近藤《こんどう》健一郎《けんいちろう》（北海道大学大学院教育学研究院　日本教育史）

**戦後沖縄史の諸相**
何の隔てがあろうか《ヌーフィダティヌアガ》

2023年3月30日 初版第一刷発行

編著者　齋木 喜美子

発行者　田村 和彦
発行所　関西学院大学出版会
所在地　〒662-0891
兵庫県西宮市上ケ原一番町 1-155
電　話　0798-53-7002

印　刷　協和印刷株式会社


Printed in Japan by Kwansei Gakuin University Press
ISBN 978-4-86283-358-7